Marie-Christie Gareau

Épices du monde

Des saveurs à découvrir

QUÉBEC
LOISIRS
Le club

Conception de la couverture : Cyclone Design
Mise en pages : Bruno Paradis
Révision : Richard Bélanger
Correction d'épreuves : Catherine Vaudry

Imprimé au Canada

ISBN : 978-2-89666-156-5

Dépôt légal – Bibliothèque et Archives nationales du Québec, 2012
© 2012 Éditions Caractère
© 2012 Québec Loisirs avec la permission des Éditions Caractère

Visitez le site des Éditions Caractère
editionscaractere.com

Table des **matières**

Introduction

S i les épices font rêver, on ne peut pas en dire autant de leur histoire, laquelle évoque des guerres de pouvoir, qui ne sont pas sans rappeler des périodes d'esclavagisme et de massacres. Mais elle reste tout de même déterminante puisque l'histoire des épices bat au même rythme que celle de l'humanité.

Mais, tout d'abord, qu'est-ce qu'une épice, véritablement ? Si l'on fouille du côté du *Petit Robert*, il s'agirait d'une « substance d'origine végétale, aromatique ou piquante, servant à l'assaisonnement des mets ». Mais la réalité des épices est plus complexe et ses contours, flous. En effet, la ligne qui délimite épices, fines herbes et aromates est parfois mince. Certains traits les distinguent toutefois les uns des autres. Les épices, par exemple, proviennent toujours de végétaux, et on les soumet nécessairement à certains procédés de transformation, contrairement aux fines herbes. De plus, les épices ne peuvent être consommées telles quelles et doivent, par conséquent, être intégrées aux plats, mélangées aux autres ingrédients, ce qui n'est pas nécessairement le cas des herbes ni des condiments. Ainsi, le sel ne peut être considéré comme une épice — puisqu'il ne provient pas d'une plante — tandis que le poivre en est une, étant le fruit — fermenté puis séché — du poivrier. Les feuilles de coriandre sont considérées comme des fines herbes tandis que les graines sont des épices. Et ainsi de suite.

Les épices sont également très variées et appartiennent à une bonne dizaine de familles botaniques différentes. De plus, elles ne proviennent pas toutes (loin de là !) de la même partie de la plante. Entre autres, elles peuvent être issues des graines (comme la coriandre), des fruits (comme le poivre), de l'écorce (comme la cannelle) ou du rhizome (comme le gingembre).

L'univers des épices est non seulement haut en couleur, il est également riche, tant en saveurs qu'en savoir ! Ce livre lui est consacré ; il vous permettra sans doute de mieux connaître les épices qui enjolivent et rehaussent les saveurs de vos plats préférés, et de découvrir de nouveaux mets qui les mettent en valeur.

La petite histoire
des épices

L'histoire des épices remonte à bien avant notre ère. Certains situent son origine lors de la plus ancienne période de la préhistoire, celle du paléolithique (qui a débuté il y a environ trois millions d'années et qui a pris fin aux environs de 12 000 ans av. J.-C.), alors que l'être humain était chasseur-cueilleur. Apparemment, déjà à cette période, les humains utilisaient des plantes odorantes afin de les mêler à leur nourriture. Puis, leur utilisation s'est bonifiée lors de l'avènement de l'agriculture, il y a près de 10 000 ans av. J.-C. Il est difficile aujourd'hui de connaître avec précision les raisons qui ont poussé les premiers humains à épicer leur nourriture, mais tout porte à croire que les motifs sont toujours les mêmes, soit pour le goût et la conservation des aliments. Au fil du temps, l'être humain a su développer et apprécier toute la gamme de saveurs que leur apportaient aliments et épices. On partage généralement ces saveurs en cinq grandes catégories : le sucré, le salé, l'amer, l'acide et le piquant. De même, on s'est aperçu qu'en ajoutant certaines épices ou certains condiments à des denrées périssables, on pouvait prolonger leur durée de conservation. C'est pourquoi on recourt au sucre (par exemple, pour concocter des vins liquoreux, des confitures et des marinades), au sel (pour le saupoudrer sur les viandes et poissons) et au vinaigre (pour les marinades) depuis de nombreux siècles pour préparer la nourriture, puis l'entreposer. Bien avant l'arrivée des réfrigérateurs, épices et condiments assuraient donc la conservation des aliments, tant dans les foyers que lors d'expéditions terrestres ou maritimes.

L'Antiquité et le Moyen Âge

Dès la naissance des premières civilisations, les épices servaient d'intermédiaires entre les cultures. Elles étaient à la fois un prétexte afin de partir à la découverte de nouvelles contrées et une fin en soi. Ainsi, on envoyait des caravanes sur les routes les plus périlleuses afin de ravir tout à la fois les papilles et la vanité des mieux nantis. À force d'échanges et au fil du temps, les épices, de même que la manière de les apprêter, se mirent à parcourir le monde. C'est pourquoi l'on retrouve des similitudes chez plusieurs peuples anciens dans la façon de les utiliser, même si des siècles et de grandes distances les séparent. Par exemple, on sait maintenant que les Arabes, les Égyptiens, les Grecs et les Romains usaient des épices à des fins cosmétiques. En effet, ils se rafraîchissaient l'haleine en les mastiquant et s'en servaient aussi afin de parfumer corps et foyers. À cette époque, les épices n'étaient pas uniquement utilisées en cuisine, elles tenaient également lieu de remèdes, faute de mieux, ainsi qu'à effectuer certains rituels. Les Égyptiens se servaient entre autres de la cannelle, du poivre et du thym lors de leurs rituels de momification. Pour eux, la bonne conservation du corps assurait une vie agréable dans l'au-delà ; c'est pourquoi ils appliquaient certaines plantes odorantes sur le mort lors de l'embaumement. De plus, celles-ci retardaient le processus de dégradation du corps. Il est à noter que ces épices ne poussaient pas sur la terre des pharaons, ce qui prouve que des échanges avaient bel et bien lieu. Les Égyptiens avaient donc recours aux marchands arabes qui, eux, allaient s'approvisionner en Inde et au Ceylan (aujourd'hui le Sri Lanka). Les épices (surtout le poivre, qui était roi à l'époque, mais également la cannelle et le gingembre) étaient donc motif à tout un brassage des cultures, même à l'époque antique.

Au IVe siècle av. J.-C., Alexandre le Grand franchit les frontières de l'Égypte pour y imposer son autorité et il fonde la ville d'Alexandrie. Cette conquête permet certainement d'intensifier les échanges commerciaux entre l'Orient et l'Occident, puisque la nouvelle capitale devient et demeurera jusqu'à tout récemment (au XVIIe siècle, alors que les invasions arabes gagnent Alexandrie) le lieu de prédilection pour ce qui a trait au marchandage des épices. Reste que ce sont les Arabes qui conservent, durant une très longue époque, le monopole du commerce des épices, étant les seuls à connaître la provenance de ces denrées exotiques. De même, au fil des siècles, ils ont appris à naviguer sur les eaux qui séparent la Méditerranée des côtes de l'Extrême-Orient, ce qui leur a valu une connaissance approfondie des courants marins et des grands vents qui régissent ces eaux. Ils savent quand quitter le port et quand y revenir en toute sécurité.

Leurs techniques de navigation, de même que leurs destinations, demeurent des secrets bien gardés jusqu'à ce que les Grecs les ébruitent, au cours du Ier siècle de notre ère. Les Arabes, détenant le monopole, exigeaient de lourdes taxes aux acheteurs européens. Les épices devenant hors de prix, ceux-ci se devaient de trouver une alternative. Les Arabes perdront ainsi leur précieux avantage, du moins, jusqu'à la chute de l'Empire romain, puisqu'ils reprendront dès lors le monopole sur le commerce des épices. Mais d'ici là, Grecs et Romains partent eux-mêmes en expéditions afin de se procurer poivre et autres plantes aromatiques. Cependant, même si elles assuraient le négoce, les épices demeuraient des produits luxueux que seules les membres des hautes sphères sociales pouvaient se procurer. On les traitait avec respect et elles bénéficiaient d'une espèce d'aura divine.

La période moyenâgeuse, très étendue, n'a pas d'impact considérable sur l'évolution du commerce et sur l'utilisation des épices. Les habitudes des Anciens sont conservées et le poivre demeure l'épice par excellence. Mais d'autres, aux parfums plus exotiques, s'ajoutent peu à peu à l'usage, entre autres, le clou de girofle, la cannelle et le curcuma. Le safran est également du nombre. Il est tranquillement intégré à la culture occidentale du fait qu'une communauté arabe toujours plus importante s'installe en Europe, plus particulièrement dans le sud de l'Espagne. L'utilisation de ces denrées reste encore surtout l'affaire des plus fortunés, puisque leur prix demeure élevé.

La fin du Moyen Âge amène toutefois une brise de nouveauté et rapproche l'Orient et l'Occident encore davantage. En effet, au cours du XIIIe siècle, le marchand italien Marco Polo fait connaître la Chine et ses richesses. Fils de commerçant, Marco Polo, au service de l'empereur mongol, quitte la terre ferme avec père et oncle pour rejoindre la Chine en 1275. C'est lors de son retour à Venise, dix-sept ans plus tard, qu'il est fait prisonnier et qu'il rédige toutes les découvertes qu'il a pu réaliser au cours de ce voyage exceptionnel. Dans son ouvrage intitulé *Le Divisament dou monde* (que l'on nomme aussi *Le Livre des merveilles du monde*), il souligne l'abondance des épices dans cette région du globe. Il fait de ces épices une description méticuleuse, ce qui permet aux lecteurs européens d'en apprendre davantage sur ces différents produits. Mais cela a également pour effet de faire perdre « l'aura divine » que les épices revêtaient toujours et, en quelque sorte, de les banaliser. Ainsi, elles perdront peu à peu leur connotation exotique pour trouver une nouvelle définition : celle de la richesse et de la domination.

L'époque des croisades (xive au xvie siècle)

Durant la période médiévale, on appelait « épices » (*species*) tous les produits exotiques que l'on importait. C'est d'ailleurs probablement la raison pour laquelle on dit des explorateurs qu'ils prenaient la route des « épices » quand, en réalité, leurs quêtes étaient infiniment plus diversifiées. Ainsi, ils partaient à la recherche d'épices, mais aussi de métaux précieux et d'étoffes que l'on ne trouvait pas en Europe comme la soie et le coton. Les épices, cependant, tenaient toujours une place de choix ; certains peuples, notamment les Italiens, s'en procuraient littéralement à la tonne. Ces plantes aromatiques valaient leur pesant d'or et c'est donc sous le signe de la richesse et du pouvoir que plusieurs nations européennes se lancèrent dans la course aux épices.

LES PORTUGAIS

Vers la fin du xive siècle, le port de Venise est le plus important de toute la Méditerranée et la majeure partie du commerce des produits orientaux, dont les épices, est sous son joug. Les autres nations européennes devront donc galérer dur afin de contrer la première puissance économique de l'époque et, ainsi, avoir elles aussi leur part du gâteau. Les Portugais sont les premiers à entrer dans cette course ; ils le feront avec finesse, patience et inventivité, et parviendront à se tailler une place de choix dans le commerce des épices. Plusieurs raisons expliquent la réussite par un peuple si peu nombreux d'un tel exploit. Tout d'abord, il n'avait rien à perdre, tout simplement. N'étant pas pourvus d'autant de richesses naturelles que les Français ou les Espagnols, par exemple, les Portugais dépendaient encore davantage des marchés ; ce fait était à la fois une vulnérabilité et une très grande force, car on ne craint rien lorsque l'on n'a rien à perdre. Ensuite, ils avaient, à la tête de leur pays, un prince visionnaire. En effet, le prince Henri, homme brillant et obstiné, s'était mis en tête d'atteindre l'Asie en longeant la côte africaine. Afin de mener ce projet à terme, il avait consulté les plus grands de son époque, tant dans les domaines de la géographie et de la cartographie que dans les sphères de la navigation. Finalement, les Portugais, astucieux, avaient inventé un nouveau type d'embarcation, la caravelle, sans laquelle ils n'auraient pu accomplir des voyages aussi périlleux. Ces navires de haute pointe étaient en mesure de voguer en haute mer et pouvaient même, avantage non négligeable, naviguer face au vent. Il ne devenait alors plus nécessaire d'attendre les grands vents des moussons avant de quitter le port ou d'y retourner.

C'est donc à bord de leurs caravelles que les Portugais posent pied à Ceuta (en 1415), ville du continent africain qui se trouve en face du détroit de Gibraltar. C'est d'ailleurs en raison de sa position, d'une importance déterminante, qu'ils prennent possession de ce port et qu'ils ont pu, par la suite, détenir le monopole du commerce des épices. Peu à peu, ils installent leurs comptoirs sur des îles comme Madère, les îles Canaries et Açores, mais aussi en Afrique et en Asie, se procurant ainsi les épices à la source, négociant avec les producteurs locaux et revendant aux autres peuples partout à travers l'Europe. Ils dérobent donc une part du gâteau à Venise, laquelle agit toujours comme plaque tournante du commerce européen (elle le sera jusqu'à ce que les Hollandais prennent la relève, après 1595). Mais ils font également d'autres mécontents : les Arabes qui, jusque-là, détenaient le monopole des épices, qui

négociaient avec les producteurs orientaux et qui décidaient, à leur gré, des lourdes taxes imposées aux Européens.

CHRISTOPHE COLOMB

Durant ces premières croisades de la chasse aux épices, on retient surtout deux noms, soit Christophe Colomb et Vasco de Gama : l'un, italien, l'autre, portugais. La réputation du premier n'est plus à faire : navigateur ambitieux, Colomb a déjà plusieurs voyages à son actif lorsqu'il décide de tenter sa chance du côté des Indes. Il souhaite plus précisément trouver la porte occidentale servant à atteindre le Japon, puis l'Inde. En effet, on admet depuis peu que la terre est ronde. Ce fait était connu depuis fort longtemps des Anciens et des Arabes, mais comme les textes expliquant ce phénomène étaient alors méconnus ou incompris des Européens (la plupart d'entre eux ne lisaient ni l'arabe ni le grec ancien), ces derniers mirent un certain temps avant d'en prendre connaissance. C'est donc dans une période de renouveau, qui ouvrait des portes jusque-là insoupçonnées, que Christophe Colomb décide de partir à la découverte du monde. Le commerce des épices des Portugais étant en pleine expansion, l'explorateur décide de faire appel à leur roi, Jean II, pour lancer son expédition. Après des pourparlers, le roi décide d'envoyer ses équipages par la route habituelle, c'est-à-dire la route maritime de l'Afrique. Le projet du navigateur est jugé trop risqué et trop coûteux.

En essuyant ce refus, Colomb est dépité, mais, en homme futé, il décide de quitter le Portugal avec son fils pour se rendre en Andalousie, dans le sud de l'Espagne. Il sait que les Espagnols essaient de rivaliser avec les Portugais dans la course des épices et la meilleure façon d'y parvenir serait justement de conquérir l'Inde en voguant vers l'ouest. Le navigateur tombe mal, cependant, puisque les Espagnols ont un autre dessein en tête : celui de chasser les Maures qui se sont emparés de la ville de Grenade. La reine Isabelle de Castille demeure toutefois attentive à la requête de Colomb et, présentée sous l'aspect de l'expansion du territoire de la péninsule ibérique et de l'évangélisation de nouveaux peuples, la demande est acceptée. Il quitte donc l'Espagne en août 1492, ayant pour mission d'aller quérir métaux précieux, épices et nouveaux peuples à évangéliser. À peine trente-six jours plus tard apparaît une vision : une terre nouvelle. Il s'agit de l'île Guanahaní, dans les Bahamas, que Colomb nomme San Salvador, au nom du Christ Sauveur. L'explorateur va plus avant dans sa quête et atteint Cuba. Il garde en tête sa mission évangélisatrice, mais sa motivation principale reste la découverte, une curiosité qui sera en grande partie comblée par les épices. Il rentre d'ailleurs en Espagne en rapportant gousses de vanille et piments de la Jamaïque, croyant avoir rejoint l'Inde. En effet, Christophe Colomb mourra dans l'erreur, ne sachant ni qu'il n'avait jamais mis les pieds en Inde ni qu'il avait découvert un nouveau continent.

VASCO DE GAMA

Mais c'est Vasco de Gama qui mettra définitivement un frein à l'exclusivité que détenaient Venise et le commerce arabe, puisqu'il reviendra de l'Inde avec une cargaison pleine de poivre noir, de clou de girofle, de cannelle et de gingembre. C'est en 1497 que Vasco de Gama quitte le port de Lisbonne, avec un lourd équipage, dans l'intention d'atteindre l'Inde en passant par le cap de Bonne-Espérance (pointe sur la côte ouest de l'Afrique du Sud). En chemin, le roi de Malindi l'invite en ses terres et l'aide considérablement dans son périple. Dans un premier temps, il lui révèle le secret si bien gardé des Arabes pendant des siècles concernant le trajet de l'ouest menant vers l'Inde : l'astuce consiste à attendre puis à suivre le chemin vers où porteront les vents saisonniers de la mousson. Dans un deuxième temps, le roi de Malindi fournit un guide à l'équipage de Vasco de Gama. Ce guide se nomme Ahmed Ibn Majid et est un expert de la navigation arabe. Enfin, dans un troisième temps, le roi approvisionne convenablement les navigateurs afin qu'ils fassent bon voyage. Ainsi, c'est à peine trois semaines plus tard que les navires rejoignent la côte de Malabar. Nous sommes en 1498. Mais, une bonne nouvelle s'accompagnant souvent de ses petits revers, l'équipage portugais est, dès son arrivée, molesté par les Arabes, déterminés à sauvegarder leur commerce. Les hommes de Vasco de Gama reprennent tout de même la mer, six mois plus tard, les navires chargés d'épices

payées à prix modique négocié directement sur place. Ils rega-
gnent Lisbonne en 1499, le deux tiers des hommes en moins,
mais toutefois vainqueurs : le Portugal a eu raison des Arabes et
détient désormais le monopole du commerce des épices en Inde.

Les épices changent de visages

Ainsi, au fil du XVe et du XVIe siècle, les épices garderont leur côté
exotique, mais elles perdront définitivement leur aura mythique.
De deux choses l'une : on sait dorénavant d'où, exactement, elles
proviennent et la connaissance des épices devient de plus en plus
pointue. Même si les régions du globe nouvellement découvertes
font rêver, de même que leurs peuples et leurs produits locaux,
elles apparaissent néanmoins sur la mappemonde et ne sont plus
des lieux presque imaginaires de contrées lointaines. De même, en
augmentant le nombre d'expéditions, on augmente l'approvision-
nement en épices et leur diffusion. Les épices, en Europe, sont plus
présentes et variées. Les explorateurs découvrent la canne à sucre,
qu'ils appellent alors « l'herbe miellée » parce que cette herbe avait
miraculeusement sauvé des marins de la famine lors d'un voyage
inopinément prolongé. Puis, les descriptions soignées et précises
que font les explorateurs des plantes desquelles proviennent les
épices et de la manière de les cultiver (basées sur le modèle de
Marco Polo, qui les avait précédés et inspirés : à la fois Christophe
Colomb et Vasco De Gama étaient de fervents lecteurs de Marco
Polo) renseignent énormément la population européenne sur les
épices, ce qui a pour conséquence de leur faire perdre leur aspect
mystérieux, presque fabuleux.

Ainsi, les Portugais garantissent le commerce des épices
sur la route du cap de Bonne-Espérance, sur le littoral indien
et africain, en y établissant de nombreux comptoirs. Ils sont
parvenus à chasser la plus grande partie de la concurrence
(surtout des Arabes et des Vénitiens) et ont donc la presque
exclusivité de la vente des épices en Europe, ce qui leur permet
de garder les prix élevés. Ce monopole durera plusieurs décennies
et les autres nations européennes peineront à le faire cesser.

Et c'est pour les richesses qu'elles rapportent et pour être en possession des berceaux des épices que l'on se battra.

Quand la ruée vers les épices devient la guerre du monopole (XVIe au XVIIIe siècle)

LES HOLLANDAIS

Les Hollandais sont les premiers à prendre la relève dans cette course aux épices. On peut d'ailleurs les comparer en plusieurs points aux Portugais. Tout comme ces derniers, les Hollandais sont peu nombreux, ce qui favorise le sentiment d'appartenance et d'unité. Ils ont également peu de ressources naturelles, mais occupent cependant une zone stratégique, en bord de mer, qui leur ouvre la voie maritime et donc, du commerce. De plus, les Hollandais sont dans l'obligation de s'approvisionner à Lisbonne (au port d'Anvers) depuis plus de 100 ans à des prix exorbitants, et cela constitue une importante motivation afin de se tailler une place de choix dans le marché des épices. Ils prennent donc Java pour point de départ (en 1595), puisque cette île indonésienne, point stratégique dans le commerce des épices, avait été négligée par les Portugais. Les Anglais sont d'ailleurs de cette entreprise ardue. Puis, au cours des deux années qui suivent, les Hollandais poursuivent leur quête du monopole et installent leurs premiers comptoirs commerciaux à Java.

C'est à peine quelques années plus tard, en 1602, que naît la compagnie hollandaise VOC (ou la Verenigde Oostindische Compagnie, qui veut dire la Compagnie unie des Indes orientales). La rivalité étant féroce dans la course aux épices, les Hollandais décident de regrouper cinq de leurs compagnies en une seule, afin de faire le poids contre la concurrence des autres nations. Ainsi regroupés, ils sont en mesure de mettre argent et énergie au service d'une seule et même cause. Ils deviennent donc rapidement presque intouchables. En effet, les Portugais peinent à concurrencer les navires hollandais, dix fois plus imposants et autant de fois plus puissants que leurs caravelles, pourtant au sommet du monde maritime un siècle auparavant. Les canons hollandais sont également nombreux et efficaces. Les Pays-Bas se démarquent dès lors considérablement, mais ils devront toutefois user davantage de stratégie pour véritablement détenir le monopole du commerce des épices. Pour ce faire, les Hollandais regroupent la production des épices les plus populaires en Europe (poivre, cannelle, clou de girofle et muscade) en quelques lieux seulement (évidemment sous leur autorité), afin d'en avoir une maîtrise absolue et, du même coup, d'éliminer toute forme de concurrence. Ils n'hésitent d'ailleurs pas à user de force excessive et à avoir recours à l'esclavage pour y arriver. De plus, ils emploient de vieilles techniques afin de limiter la production et de conserver les prix élevés. Par exemple, ils entreposent les excédents de récoltes, voire les brûlent carrément, à certains moments, pour éviter leur pillage. Ils n'usent cependant pas que de la force, mais savent aussi être fins stratèges : ils distribuent des cartes erronées afin de tromper les autres navigateurs. Ainsi, ils réussiront à conserver plus longtemps les secrets de leur réussite.

LA RIPOSTE ANGLAISE ET FRANÇAISE

Les autres nations européennes aussi détiennent des noms qui se sont illustrés dans la chasse aux épices. Chez les Anglais, il s'agit de sir Francis Drake, et chez les Français, on parlera longtemps de Pierre Poivre. Anglais et Français se sont toujours concurrencés sur le plan des expéditions et des conquêtes ; ils devaient aussi s'affronter dans la course effrénée pour le monopole du commerce des épices. La conquête anglaise, dans ce domaine, a pris naissance avec un personnage pour le moins coloré, qui tenait davantage du pirate que du simple navigateur.

Francis Drake a été à la tête de plusieurs expéditions, lesquelles avaient deux principales missions : la première consistait à découvrir de nouveaux territoires à coloniser en Amérique du Sud, la deuxième, à essayer de trouver un passage plus rapide pour aller en Chine. Lors d'une bataille, alors que Drake combattait les Espagnols, il parvient à leur dérober des cartes dressant le chemin tant convoité. Il lui arrive même à plusieurs reprises de dérober aux Espagnols des métaux précieux. De plus, l'homme fait fortune en achetant des épices à prix modique dans les îles aux épices. Le respect et l'admiration que lui valent ses nombreux exploits, en particulier ceux qu'il accomplit au détriment des très puissants Espagnols, en font une figure inspirante à l'époque. D'ailleurs, son expédition dans les îles aux épices contribue au commerce anglais des épices, puisqu'elle mènera à la formation de la East India Company, grande concurrente de la compagnie des Pays-Bas la VOC et de celle de la France (la Compagnie des Indes orientales). Une fois propulsée, l'Angleterre devient si puissante qu'elle aura raison de la toute-puissance hollandaise. Londres deviendra même, à l'ère victorienne, la première puissance mondiale du commerce des épices.

Du côté des Français, c'est un homme prédestiné à se tailler une place dans l'exploitation des épices qui fait tourner le vent. Originaire de Lyon, l'homme en question, qui se nommait Pierre Poivre, se destinait à une vie ecclésiastique, mais c'est plutôt le champ de la botanique qui le rendra célèbre. Il passe une partie de sa jeune vie d'adulte en Chine afin d'évangéliser la population. Lors de la traversée qui doit le ramener en France, Poivre subit une grave mésaventure : le navire sur lequel il voyage est pris d'assaut par les Anglais et il est atteint par un boulet de canon. Blessé, il se doit d'être amputé jusqu'au poignet et passe sa convalescence à Batavia (actuellement Djakarta, en Inde). C'est d'ailleurs à cette occasion que Poivre prend connaissance de toutes les combines dont usent les Hollandais afin d'administrer leurs comptoirs et de préserver leur monopole des épices. Il profite également du temps passé à Batavia pour découvrir et étudier les nombreuses épices que renferme son terroir. Puis, il retourne en France pour y faire sa vie où plusieurs années plus tard, après la guerre de Sept Ans, on lui offre de devenir intendant des îles de France et Bourbon. C'est d'ailleurs sur l'île de France qu'il souhaite faire fructifier un immense jardin de pamplemousses, ce qu'il réussira. Ce jardin servira aussi à acclimater quantité de plants d'épices tropicales. Il parviendra, en outre, à la suite de plusieurs tentatives infructueuses, à mettre la main (en 1770) sur des girofliers et des muscadiers hollandais. L'acclimatation de ces plants dans le jardin de pamplemousses sera un succès,

et ils seront les premiers à pousser sur un sol français. De cet exploit découlent deux principales conséquences : le monopole des Pays-Bas est enfin rompu et, par le fait même, les épices peuvent être offertes à des prix plus abordables.

Du XIXᵉ siècle à aujourd'hui

C'est donc en grande partie grâce à Pierre Poivre si la muscade et le clou de girofle ont pu être dispersés hors de leurs territoires d'origine. À partir de ce point, les épices ont commencé à être cultivées aux quatre coins du globe. Quelques-unes ont été plus capricieuses, cependant. Par exemple, la vanille ne s'adapte pas facilement à de nouvelles terres et on a longtemps mal compris son procédé de reproduction. Le temps de la toute-puissance est maintenant révolu : en délaissant leurs comptoirs éparpillés un peu partout, les puissances européennes qui ne cessaient de se relancer durant la course aux épices ont simplement importé et replanté des plants dans leurs colonies tropicales respectives.

Aussi, depuis le XIXᵉ siècle, on en connaît bien davantage sur les épices : on a développé leur lexique, défini leur classification et amassé de la documentation les concernant. On a récemment (surtout à partir des années 1980) également affiné les procédés de transformation. Les pays producteurs sont dorénavant partenaires des pays importateurs et sont responsables de la plus grande partie de ces procédés de transformation ; ils ne vendent plus dorénavant les produits bruts, mais des produits qui sont, bien souvent, prêts à être mis en marché.

Depuis l'époque de la course aux épices, la popularité de ces dernières n'a cessé de croître. Elle n'a connu qu'un creux au cours du XIXᵉ siècle, alors que certaines autres denrées — par exemple le café, le sucre et le cacao — étaient plus en vogue. Depuis la Deuxième Guerre mondiale, cependant, leur marché est en pleine expansion. En effet, les guerres apportent leur lot de malheurs, mais elles sont aussi synonymes de découvertes et d'un véritable mélange des cultures. Et ce métissage se remarque jusque dans les foyers, où de nouveaux parfums se font souvent sentir dans l'art culinaire.

Les épices
les plus connues

L'ail *Allium sativum*

Autres noms Ail commun, ail cultivé

Famille Liliacées

Histoire Les Égyptiens et les Romains aimaient beaucoup l'ail et l'utilisaient dans bon nombre de leurs mets. Ils usaient également de l'ail à des fins médicinales, c'est-à-dire afin de prévenir et de guérir certaines maladies. Un mythe très répandu veut que l'ail protège des mauvais esprits. On le retrouve d'ailleurs encore dans la littérature vampirique. Ce mythe renvoie probablement au fait que l'ail peut soigner (désinfecter et aider à coaguler) les morsures de certains animaux sauvages, lesquels il peut également faire fuir.

Provenance Son berceau se trouve en Asie centrale, mais l'ail est aujourd'hui cultivé partout à travers la planète.

Plante, culture, etc. L'ail provient d'une plante vivace, que l'on cultive normalement durant un an ou deux, jusqu'à ce qu'elle mesure de 50 cm à 1 m. Ses feuilles sont longues, élancées et tombantes ; la tige, longue et robuste. Les fleurs — dont la floraison se produit généralement en juillet ou en août (et dont les récoltes de début de saison sont souvent les meilleures) — sont rondes, blanches, parfois violacées. Sous elles poussent de petits bulbes, en forme de couronne, mais c'est cependant le bulbe enterré que l'on consomme. Un bulbe (ou une tête d'ail) comprend plusieurs gousses (ou caïeux) et il peut varier de la taille d'une clémentine à celle d'une orange. Il est constitué d'une gousse principale sur laquelle sont greffées les autres, plus petites et séparées par une membrane qui ressemble à un fin papier. Dégagées du bulbe, les gousses mesurent plus de 1 cm.

Si on souhaite cultiver l'ail, il faut en planter les gousses, soit au printemps ou à l'automne. On reconnaît la maturité des bulbes au jaunissement des feuilles de la plante. Il faut alors déterrer les bulbes d'ail et les suspendre dans une pièce à l'abri de l'humidité et bien ventilée.

Caractéristiques générales L'ail, qui n'est pas une épice mais bien une plante utilisée comme condiment, est apparenté à l'oignon et à l'échalote. Il a une forte odeur et une saveur piquante (surtout lorsqu'il est cru), qui rehausse le parfum des autres ingrédients. Évidemment, l'ail frais a plus de saveur que l'ail séché et que l'ail en poudre. Contrairement à la croyance, il favorise la digestion. L'ail se garde assez longtemps et sa conservation fluctue en fonction des espèces. Elle peut même aller de trois à six mois, si on dispose les têtes dans un endroit frais, sec et bien ventilé. Odeur et saveur se dissiperont toutefois peu à peu. Un petit truc afin de contrer la mauvaise haleine causée par l'ingestion d'ail consiste à manger en même temps du persil frais. Mais les désagréments que provoque sa forte odeur peuvent également être un avantage, puisqu'en raison de son odeur particulière, l'ail peut être utilisé dans le jardin, afin de repousser les parasites de toutes sortes et ainsi, préserver légumes et fruits délicats comme les concombres, les tomates, les fraises, etc.

Utilisation L'ail est un des ingrédients dont on se sert le plus au monde en cuisine. On peut utiliser ses gousses crues ou cuites ; passées au presse-ail, hachées ou entières (mais dans ce cas, on retire généralement les gousses en fin de cuisson). Si on ne souhaite que parfumer légèrement un plat, on peut simplement frotter une gousse coupée en deux contre le récipient ou un autre ingrédient. Il apporte alors une note piquante sans camoufler le goût des ingrédients plus délicats. Attention cependant à ne pas brûler les gousses, sans quoi elles transmettront aux recettes un fort goût d'amertume.

L'ail est très polyvalent. Rares sont les plats salés où il n'apparaît pas dans la liste des ingrédients et c'est pourquoi, bien qu'il ne fasse pas partie de la catégorie des épices, nous l'avons intégré à cette liste. Il peut relever à la fois soupes, sauces, viandes, ragoûts, poissons (mais en petite quantité), légumes, etc. On peut également consommer les feuilles de la plante, moins corsées que ses bulbes, même si c'est là une pratique moins répandue. On retrouve l'ail sous différentes formes : en bulbe entier (têtes entières) ; en gousses individuelles, épluchées et mises dans de l'huile ; haché, en pots ; en petites gouttes d'huiles essentielles ; séché et réduit en une poudre plus ou moins fine ; amalgamé à d'autres condiments comme le sel (sel d'ail) ; etc.

Propriétés médicinales On reconnaît à l'ail des propriétés désinfectantes et antibactériennes, stimulatrices, etc. Il ferait aussi descendre la tension artérielle et le taux de lipides. Il a des effets sudorifiques et il aide à combattre certains problèmes de peau comme l'acné. De même, il renforce le système immunitaire et on le dit anticancéreux.

L'aneth *Anethum graveolens*

Autres noms Aneth odorant, *dill* (son nom anglais découle d'ailleurs de son nom norvégien, *dilla*, qui veut dire « calmer », « apaiser », et qui renvoie à ses propriétés sédatives)

Famille Apiacées (anciennement appelée ombellifères)

Histoire L'aneth était utilisé à des fins médicinales par les Égyptiens. On raconte également que, au cours de l'Empire romain, les gladiateurs s'en servaient pour ses effets antispasmodiques : ils s'enduisaient le corps d'huile d'aneth avant leurs combats. Les sorciers médiévaux en usaient apparemment aussi pour chasser les mauvais esprits et les mauvais sorts, de même que pour l'élaboration de filtres d'amour.

Provenance L'aneth provient de l'Asie centrale, mais de nos jours, il est cultivé un peu partout à travers le monde. Il maintient sa popularité dans le berceau de ses origines : en Iran, on l'incorpore à une recette typique de haricots bouillis, et en Géorgie, on prépare un mélange d'épices (le *khmeli-suneli*) dans lequel il est à l'honneur. On lui attribue aussi une place de choix en Europe de l'Est, en Europe du Nord, en Grande-Bretagne, de même qu'en bordure de la Méditerranée, et particulièrement en Grèce et en Turquie, où il se mêle à différentes préparations à base de légumes et de yogourt.

Plante, culture, etc. L'aneth fait partie des apiacées, c'est-à-dire de la même famille que le fenouil et la carotte. Il provient d'une plante annuelle, droite et peu ramifiée, qui mesure 50 à 120 cm de haut. Ses feuilles sont très fines et plusieurs fois bipennées. Leur parfum est frais et peut rappeler celui du céleri, mais avec une pointe anisée. Les fleurs sont jaunes et en ombelle. C'est à partir d'elles que l'on obtient les graines d'un brun clair. La floraison se produit généralement entre juin et septembre. Les délicates feuilles, quant à elles, poussent rapidement et peuvent être utilisées (on peut les couper) en tout temps. On récolte les fleurs en début de floraison et les graines alors qu'elles jaunissent lors de la période automnale.

Caractéristiques générales L'herbe détient un goût frais et parfumé, lequel se marie bien, entre autres, avec le saumon et le concombre. Les graines, quant à elles, ont un goût un peu anisé qui se rapproche du carvi. Elles peuvent être considérées comme une épice tandis que les feuilles sont davantage un aromate.

Utilisation Très polyvalentes en raison de leur goût délicat, frais et légèrement piquant, les feuilles d'aneth s'associent particulièrement bien avec les légumes, les soupes et les salades (tout spécialement de concombres, de tomates, de carottes, de betteraves, de pommes de terre et de chou), les fromages légers et les poissons (particulièrement le saumon... un classique). Les feuilles ont une saveur plus douce et parfumée que les graines, dont le goût est plus fort, voire piquant. Attention cependant, lorsque vous séchez les feuilles d'aneth, elles perdent leurs arômes rapidement. Les graines, quant à elles, se marient bien aux conserves et, lorsqu'elles sont moulues, aux ragoûts et à tout plat mijoté. Pour aromatiser huiles et vinaigres (par exemple, lorsque vous concoctez des marinades), il est préférable d'utiliser l'aneth en entier, c'est-à-dire la branche au complet, avec ses fleurs et ses graines. De l'huile d'aneth peut également être obtenue à partir des graines.

Pour un maximum de goût et de fraîcheur, il faut vous assurer que les feuilles sont fermes et d'un vert bleuté franc (sans traces de jaunissement ou de sécheresse). L'aneth doit être consommé assez rapidement puisqu'il se détériore en quelques jours seulement. Lorsqu'on le cuisine, il est aussi préférable d'ajouter les feuilles d'aneth en fin de cuisson afin de ne pas les faire bouillir : elles sont délicates.

Propriétés médicinales Cette plante augmente l'activité du système digestif et protège contre les effets de ballonnement et les spasmes. Il favorise aussi la production du lait maternel. On peut facilement l'utiliser en préparant des décoctions à partir de ses feuilles, ou encore à partir de ses graines, que l'on aura préalablement séchées et moulues. On lui accorde aussi des effets calmants. Il suffit d'en boire des infusions lors de vomissements.

L'anis étoilé *Illicium verum*

Autres noms Badiane, anis, anis de Chine

Famille Magnoliacées

Histoire Les Chinois l'utilisent depuis environ 5000 ans. Son apparition en Occident (en Europe, dans un premier temps) ne s'est faite qu'assez récemment : au XIVe siècle, au temps des grandes conquêtes. Cette épice a eu un effet coup de cœur chez les Russes, qui l'ont tout de suite intégrée à leurs habitudes de vie, en autres afin d'en aromatiser leurs thés. Au cours du XVIIIe siècle, on l'adopte finalement un peu partout en Europe. On l'incorpore surtout aux desserts et pâtisseries de même qu'aux boissons chaudes.

Provenance Sud de la Chine, Vietnam, Laos, Philippines, Caraïbes. Il pousse aussi maintenant en Amérique, dans les territoires chauds.

Plante, culture, etc. Ce drôle de fruit provient d'un arbre (également appelé badiane) d'une dizaine de mètres de haut et aux feuilles persistantes (c'est-à-dire qu'elles ne tombent pas toutes en même temps à la période hivernale), de forme elliptique à l'extrémité. L'arbre ne commence à produire des fruits que lors de sa sixième année environ. Il vit cependant longtemps (plus ou moins un siècle). Les fleurs sont blanches — tirant parfois sur le rose — ou jaunes, ressemblent à des jonquilles et apparaissent autour du mois d'avril. Elles sont à l'origine des fruits, à huit cavités, de couleur brun-rouge et qui prennent la forme d'une étoile (et qui constituent l'épice que l'on connaît). Après plusieurs mois, une petite graine luisante se forme dans chacune de ces petites cavités. On peut obtenir jusqu'à trois récoltes de fruits par année, qui sont décrochés verts et que l'on sèche ordinairement au soleil, ce qui leur confère une couleur plus foncée, acajou. On obtient de la poudre d'anis étoilé en broyant carpelles et graines ensemble.

Caractéristiques générales Il ne ressemble pas du tout à l'anis vert — d'ailleurs, ils ne font pas partie de la même famille botanique —, mais tous deux possèdent une saveur semblable. La badiane possède un parfum plus puissant cependant. Elle rappelle aussi la réglisse et des saveurs chaudes, près de la cardamome et du clou de girofle. Les huiles essentielles de l'anis étoilé sont extraites des cosses et non des graines, comme c'est souvent le cas. Des fruits, des feuilles et des branches cependant, on fabrique de l'huile d'anis, laquelle est utilisée dans la fabrication de confiseries et de certains alcools. La badiane est également un des cinq ingrédients — avec le poivre de Sichuan, la cannelle, le fenouil et le clou de girofle — qui constituent le mélange « cinq épices », aussi appelé « cinq parfums » ou « cinq épices chinoises ».

Utilisation La cuisine asiatique utilise souvent l'anis étoilé afin de concocter des recettes à base de viande ou de volaille. On peut se servir des étoiles entières (par exemple, dans la préparation de plats mijotés et de boissons) ou moulues (ce qui convient davantage aux desserts et aux pâtisseries). Il se marie bien aux fruits rouges et aux fruits d'automne. Comme sa saveur est assez prononcée, la badiane doit être utilisée avec modération. De plus, comme toutes les saveurs anisées, elle est loin de plaire à toutes les bouches.

Propriétés médicinales L'anis étoilé favorise la digestion et possède des effets expectorants. Il peut aussi aider à apaiser des maux gastriques et intestinaux. De même, il détient des propriétés tonifiantes, échauffantes, antiseptiques et anti-inflammatoires. L'anis étoilé peut également servir à éloigner les insectes. On l'intègre régulièrement aux sirops et aux pastilles contre la toux. En Asie, on mâchouille parfois les fruits, encore verts, afin de contrer la mauvaise haleine.

L'anis vert *Pimpinella anisium*

Autres noms Anis, anis cultivé

Famille Apiacées (anciennement appelée ombellifères)

Histoire L'anis est cultivé depuis plus de 4000 ans. En Égypte, on en usait tant pour des fins médicinales qu'en cuisine. Durant la Rome antique, on s'en servait pour aider à la digestion et pour empêcher la mauvaise haleine. Au Moyen Âge, on l'utilisait afin de calmer les estomacs irrités. Un mythe voudrait que les graines d'anis, insérées dans une taie d'oreiller, écartent les mauvais rêves.

Provenance Partout à travers le monde, mais à l'origine, les régions de la Méditerranée orientale.

Plante, culture, etc. L'anis vert est une plante herbacée annuelle. Elle ressemble au fenouil, son cousin (et non à l'anis étoilé, contrairement aux croyances). Ses tiges mesurent entre 30 et 45 cm (ou plus, dans certains cas) et sont sillonnées, dressées et se divisent à l'extrémité. Les feuilles sont simples ou pennées et elles sont découpées. Les fleurs sont de petite taille, blanches et en ombelle. Elles fleurissent durant la saison estivale, dans les pays tempérés, et elles contiennent de petits fruits, tout bosselés, tirant sur le gris. Les fruits entament leur maturité vers la fin de l'été et c'est à ce moment qu'il faut couper l'anis et le faire sécher. Les tiges qui jaunissent sont également un bon indice de la maturité des fruits, qui eux, deviennent légèrement brunâtres. Pour obtenir les graines, il faut ensuite secouer les bottes afin de les faire tomber. Tout comme les graines de carvi, elles ont une forme en croissant de lune. Elles sont très parfumées et même légèrement sucrées.

Caractéristiques générales L'odeur de l'anis est très caractéristique : parfumée, épicée et légèrement sucrée. Les graines d'anis vert se préservent très longtemps : au moins trois ans. L'anis en poudre doit par contre être consommé plus rapidement (idéalement dans les six mois après l'achat) et rangé dans un endroit frais, à l'abri de la lumière et de l'humidité. Sa saveur s'apparente à plusieurs autres aliments comme la réglisse et le fenouil. D'ailleurs, la tradition culinaire italienne utilise généralement le fenouil pour les plats salés et l'anis pour les sucreries et les desserts. Il en est tout autrement pour les mets asiatiques, entre autres les mets indiens (par exemple les currys), dans lesquels on incorpore des graines d'anis vert entières. On remplace souvent l'anis vert par de l'anis étoilé, puisque ce dernier est beaucoup moins coûteux.

Utilisation L'anis est très utilisé en cuisine, surtout en pâtisserie. Pour le cuisiner, il faut d'abord moudre les graines. Si on le cuisine en mijoté, cependant, on peut utiliser les graines entières. L'anis est de toutes les sauces. Outre pour les pâtisseries et les ragoûts, on s'en sert pour les confiseries, les soupes, les pains parfumés, certains alcools et boissons chaudes, le sirop et les gouttes contre la toux, etc. En Inde, on en mastique quelques grains, givrés ou non, en fin de repas afin de favoriser la digestion. Il est intéressant de l'utiliser entier dans certaines recettes puisqu'il croque sous la dent. Son parfum s'avère ainsi plus puissant. Fait moins connu : on peut également utiliser les feuilles de la plante afin des les intégrer à des plats de légumes, de lentilles ou de poissons : celles-ci sont moins parfumées et donc, plus discrètes.

Propriétés médicinales L'anis peut aider en cas de vilaine toux (il aide à expectorer) et de problèmes des voies respiratoires en général. On lui reconnaît des propriétés digestives, carminatives, antibactériennes, anti-inflammatoires et tonifiantes (entre autres, il serait bon pour le cœur). Il aide également à la production du lait maternel et à combattre la mauvaise haleine. Soyez prudent avec l'huile essentielle d'anis cependant, puisqu'elle peut se révéler nocive. Mieux vaut consulter un médecin, un pharmacien ou un aromathérapeute avant de l'utiliser.

Les baies roses Schinus molle

Autres noms Baies roses, poivre rose, poivre rouge, poivre de Bourbon, de la Réunion, du Brésil ou d'Amérique, *Christmas berry*, faux poivre (ou faux poivrier, lorsqu'il est question de l'arbre)

Famille Anacardiacées

Histoire En Amérique du Sud, les Incas les utilisaient afin de concocter une eau-de-vie. On s'en servait également pour ses propriétés curatives, à des fins utilitaires (par exemple, comme colorant à textile, que l'on obtenait à partir des racines, de l'écorce et des feuilles de l'arbre) et alimentaires (au Pérou, on en use pour la préparation de vinaigre).

Provenance À l'origine, on les trouvait en Amérique centrale et en Amérique du Sud. Maintenant, l'Afrique, l'île de la Réunion et certaines autres régions tropicales en produisent également.

Plante, culture, etc. Le poivre rose provient d'un arbre qui peut mesurer jusqu'à une vingtaine de mètres et que l'on retrouve dans les climats tropicaux. Il possède de très jolies feuilles, persistantes, disposées de part et d'autre de ses branches et qui dégagent un parfum relevé. Il produit de grosses grappes de fleurs de couleur jaune, qui apparaissent au printemps et sur lesquelles s'accrochent les baies magenta. L'intérieur des baies est brun. D'ailleurs, les botanistes nomment ces fruits des « drupes » et non des « baies ».

Caractéristiques générales Quoique ces petits fruits rouge rosacé aient l'apparence de grains de poivre, ils n'en sont pas : les deux n'appartiennent pas à la même famille botanique. De plus, les grains de poivre poussent sur des lianes tandis que les baies roses poussent en grappes. Il ne faut donc pas les confondre avec le poivre rouge, auquel elles ressemblent énormément. Elles doivent cependant, tout comme le poivre, être utilisées avec modération, puisque quand ingérés en trop grande quantité, les petits grains s'avèrent toxiques. Ils peuvent également irriter les intestins, la peau et les yeux. Lorsque vous les achetez, optez pour les baies d'un rose franc : elles ont séché dans un lieu ombragé et sont plus savoureuses.

Utilisation La saveur des baies roses est relativement douce et parfumée, florale et sucrée, avec une pointe épicée, sans être trop piquante. Elles s'agencent donc à de nombreux plats, qu'elles relèvent tant par le goût que par l'apparence esthétique et la texture croustillante des grains. Les parfums qui émanent de ces baies roses se rapprochent davantage de ceux des galbules de genièvre qu'à ceux du poivre, mais les baies roses sont un peu plus piquantes que ces dernières. Le poivre rose se marie bien à des recettes mettant en vedette les légumes, certains fruits, le poisson et les fruits de mer. Mais l'union avec le cacao et tous ses dérivés est tout à fait étonnante ! Il est également commun d'en retrouver dans des mélanges de poivre. On les consomme presque toujours séchées (grossièrement écrasées, moulues ou entières), mais il est toutefois possible d'en trouver des fraîches, en saumure. De l'huile essentielle de poivre rose existe également, mais il est plus difficile d'en trouver.

Propriétés médicinales Les baies roses sont un stimulant naturel de même qu'un antiseptique et un anti-inflammatoire. Elles influeraient aussi positivement sur le cycle féminin.

Le cacao *Theobroma cacao*

Famille Sterculiacées

Histoire Le cacaoyer pousse à l'état sauvage en bordure de l'Amazonie et les peuples indigènes qui y habitaient (et qui y habitent toujours) mangeaient la pulpe du fruit, laquelle englobe les fèves de cacao. Son nom grec (*Theobroma cacao*) signifie « nourriture des dieux » et les Mayas croyaient d'ailleurs que c'était Quetzalcoátl, une de leurs divinités, qui l'avait amené sur terre. On fait le commerce du cacao depuis très longtemps en Amérique du Sud. Les fèves du cacaoyer servaient même, à une époque, de monnaie d'échange alors que le troc avait encore cours. Les Aztèques, tout comme les Mayas, usaient des fèves à la fois comme monnaie et comme aliment.

Provenance L'arbre, le cacaoyer, provient des zones tropicales de l'Amérique centrale et du Sud. De nos jours, on en trouve toutefois beaucoup en Afrique.

Plante, culture, etc. Le cacaoyer est assez capricieux : il exige un sol profond afin de bien s'implanter, un climat chaud et humide, mais il préfère tout de même des lieux ombragés pour s'enraciner. C'est pourquoi la plupart des cultures de cacaoyer s'organisent dans des sous-bois. L'arbre, à l'état sauvage, est relativement grand (environ 12 m) mais lorsqu'on le cultive, on le maintient à 8 m, de manière à simplifier la cueillette des cabosses, les fruits dans lesquels se logent les fameuses fèves de cacao. Les feuilles du cacaoyer sont tendres et d'un vert plutôt pâle, caractéristiques qui tendent à changer à mesure que l'arbre gagne en maturité. Autre particularité : les fleurs sont assez petites, aux couleurs blanches, pêche avec parfois un peu de rose, poussent à plusieurs et directement sur le tronc de l'arbre. Le cacaoyer donne généralement deux récoltes par année et la première des deux engendre des fèves de qualité supérieure.

Les cabosses parviennent à pleine maturité entre quatre à six mois après la période de floraison. Il en existe trois variétés — Forastero, Griollo et Trinitario — et leur couleur varie du jaune au rouge-orangé, parfois fuchsia, en fonction de la variété. Les cabosses sont assez grosses et ont la forme d'un œuf tout bosselé et sillonné. Ces fruits peuvent contenir jusqu'à 75 fèves, lesquelles sont séparées par une chair blanchâtre. Ils ont un goût sucré et légèrement acidulé (voir p. 130).

Caractéristiques générales Le cacao est un condiment plutôt qu'une épice. Il est surtout connu pour entrer dans la préparation du chocolat. La préparation de cet aliment adoré de tous nécessite tout de même plusieurs étapes. Tout d'abord, la cueillette des fruits et l'écabossage, c'est-à-dire le fait de les briser et d'en dégager les fèves. On laisse cependant la chair autour des fèves, puisque cela engendre une réaction chimique qui augmente leurs arômes et en diminue leur amertume. Puis, on sèche les fèves de manière à favoriser leur conservation avant la torréfaction, qui consiste à chauffer les fèves à haute température afin de les vider complètement de leur eau et de continuer à laisser se développer leurs arômes. Ensuite viennent les étapes du concassage et du dégermage (le germe de la fève ne peut être ingéré). Finalement, on broie les fèves de cacao afin d'en faire une pâte : c'est cette pâte qui contient le beurre et la poudre de cacao, produits de base de nos délicieux chocolats.

Utilisation Le cacao possède une saveur douce, mais avec une bonne amertume en bouche, ce qui permet de l'adapter à plusieurs tables. Il est, évidemment, l'ingrédient de base du chocolat et d'une foule de desserts, mais, quoique cela soit moins connu ici, il convient également très bien aux mets salés. Par exemple, les Mexicains savent concocter une délicieuse sauce à base de cacao, qu'ils appellent « *mole* », qui agrémente parfaitement les plats de volaille et d'autres viandes (voir p. 90 pour une recette de *mole*).

Les populations indigènes de l'Amérique latine préparaient une boisson à partir de fèves de cacao, qu'ils grillaient et concassaient avant de les mélanger à de l'eau. Cette boisson se prenait froide et on y ajoutait du miel afin de l'adoucir, de même que quelques épices, comme la cannelle et la vanille.

Cette boisson serait donc la précurseure de notre délicieux et réconfortant chocolat chaud.

Propriétés médicinales Les fèves de cacao sont extrêmement nutritives (elles sont riches en lipides, en vitamines et minéraux). Elles contiennent des antioxydants (apparemment plus puissants encore que ceux du thé vert) et aident à combattre les infections. Elles sont également bénéfiques pour le moral, puisqu'elles contrent les angoisses.

La cannelle

Cinnamomum verum ou *Cinnamomum zeylanicum*

Autres noms Cannelle de Ceylan, vraie cannelle

Famille Lauracées

Histoire On dit de la canelle qu'elle était plus précieuse que l'or durant la période de l'Antiquité. Par la suite, la cannelle a été, avec le poivre, l'épice la plus prisée du temps des conquêtes. Les Égyptiens en usaient d'ailleurs dans leurs rites de momification. Elle est aussi la principale raison de l'invasion portugaise au Ceylan (maintenant le Sri Lanka) au XIXe siècle. Les autres puissances européennes combattront en outre avec ruse et détermination afin d'obtenir le monopole de son commerce.

Provenance Elle a son origine au Ceylan, où on trouve, encore de nos jours apparemment, la meilleure cannelle au monde. On en retrouve cependant aussi en Birmanie, en Inde, à l'île de la Réunion, aux Seychelles et en Amérique du Sud.

Plante, culture, etc. Le cannellier est un arbre de petite taille (environ 5 ou 6 m de haut) et à feuilles persistantes. Il donne des branches latérales relativement près du sol. C'est à partir d'elles que l'on fabrique les bâtons de cannelle que nous connaissons. En effet, une fois les branches retirées de l'arbre, il faut les frotter afin d'en retirer tout le liège, puis on les écorce durant la saison des pluies. Elles sont ensuite coupées et enroulées sur elles-mêmes pour leur donner la forme qu'on leur connaît. On doit finalement les sécher avant de procéder à leur vente un peu partout à travers le monde.

Caractéristiques générales Elle est, avec la cannelle casse, la seule épice qui provient de l'écorce d'un arbre. Malheureusement, la cannelle trouvée en magasin ici sous forme de bâton ou de poudre n'est pas de la « vraie cannelle », mais de la cannelle casse. La cannelle est un des ingrédients qui entre dans la composition du mélange « cinq épices », avec le poivre de Sichuan, l'anis étoilé, le clou de girofle et le fenouil.

Utilisation Le goût de la « vraie cannelle » est très parfumé et même légèrement sucré. En la dégustant, on ne reconnaît pas la subtile sensation d'astringence que l'on ressent lorsque l'on mange de la canelle casse. La saveur de la cannelle est chaude, comme celle du clou de girofle, du piment de la Jamaïque et de la cardamome, par exemple. La cannelle est très utilisée, tant dans les desserts que les plats salés. Elle se marie particulièrement bien aux fruits d'automne : n'imaginez pas préparer une croustade aux pommes sans en ajouter un soupçon. Plusieurs en incluent également à leurs préparations chocolatées et à leurs différentes pâtisseries, mais elle rehausse aussi merveilleusement n'importe quel plat de viande mijotée. On l'utilise d'ailleurs allègrement dans les mets salés au Moyen-Orient.

Propriétés médicinales La cannelle provoque la contraction des tissus et des vaisseaux sanguins. Elle aide aussi le sang à coaguler. On lui attribue également des propriétés échauffantes, antibactériennes, antifongiques et antiseptiques. Elle aide aussi le système digestif tout entier : elle sait calmer les brûlements d'estomac, expulser les gaz intestinaux et contrer les diarrhées.

La cardamome

Elettaria cardamomum

Famille Zingibéracées

Histoire Également une très vieille épice, la cardamome a conservé, avec la vanille et le safran, une certaine aura de prestige, puisqu'elle est encore aujourd'hui assez coûteuse. En raison de son agréable odeur, très parfumée, on l'utilisait comme parfum durant l'Antiquité. Au Moyen-Orient, on l'utilise depuis longtemps pour ses soi-disant vertus aphrodisiaques (on l'intègre, par exemple, à du café), et la médecine ayurvédique loue de longue date ses bienfaits pour le système digestif. Ce n'est cependant qu'à la fin de l'époque médiévale que la cardamome fait son entrée en Europe.

Provenance Inde, Ceylan (aujourd'hui le Sri Lanka), Tanzanie, Brésil et Guatemala.

Plante, culture, etc. La plante qui produit la cardamome est un végétal herbacé et vivace, qui provient de la même famille que celles qui donnent le gingembre et le curcuma. Elle est constituée de roseaux de plus ou moins 2 m. Elle exige beaucoup d'eau et peu d'ensoleillement. De même, elle apprécie l'altitude, c'est pourquoi on la retrouve à l'état sauvage dans les petites montagnes du Kérala, État du sud-ouest de l'Inde. Ses feuilles sont larges et très longues, mesurant souvent plus de 50 cm. Les fleurs sont blanches et nombreuses, de même que les fruits, lesquels contiennent de quatre à huit graines dans chacune de leurs deux parties. De l'extérieur, les graines sont vert tendre et elles sont sillonnées ; à l'intérieur, elles ont une couleur plus sombre, presque noire. Elles mesurent environ 1 cm et on doit les cueillir avant qu'elles ne soient à complète maturité afin d'éviter qu'elles n'éclatent. Puis, on les laisse sécher au soleil.

Caractéristiques générales On affirme que la meilleure cardamome provint du Kérala. D'ailleurs, dans ce pays, elle est depuis toujours grandement appréciée, tant qu'on l'appelle « la reine des épices ». En magasin, on retrouve la cardamome soit entière (en graines) ou moulue. Si vous souhaitez en obtenir de la meilleure qualité, assurez-vous qu'elle soit très odorante et que ses grains soient légèrement gommant. Attention cependant, la « cardamome noire » n'est pas véritablement de la cardamome. Elle est également savoureuse, mais son goût est plus corsé, voire légèrement fumé.

Utilisation En cuisine, on utilise surtout la cardamome dans la confection de desserts et de pâtisseries. Par exemple, elle s'agence bien aux poudings et crèmes à base de lait et de crème. Mais elle sait aussi rehausser les plats de viande, de volaille et de poisson. Les Orientaux en usent d'ailleurs énormément dans leurs plats, entre autres dans les mijotés, les soupes et les riz. Très communes (en Asie de même que dans certains pays de l'Europe du Nord) sont les boissons chaudes dans lesquelles on intègre de la cardamome. Nous n'avons qu'à penser au fameux thé chai indien (voir p. 83). La cardamome participe aussi à la préparation de quelques alcools, de même que de certains parfums et autres produits cosmétiques. La cardamome est également un ingrédient clef de plusieurs mélanges d'épices.

Propriétés médicinales La cardamome a des effets tonifiants et aphrodisiaques... pas surprenant, en raison de son parfum très typé, aromatique, épicé et légèrement sucré. Elle soutient également le foie — puisqu'elle augmente la sécrétion de la bile — de même que le système digestif en entier. De plus, elle désinfecte la bouche et améliore l'haleine. Échauffante, elle procure un bien-être général du corps, mais également de l'esprit.

Le cari _Marraya koenigii_

Autres noms Feuilles de curry, feuilles de cari, _curryleaf_, kaloupilé ou caloupilé

Famille Rutacées

Histoire C'est le peuple tamoul (surtout présent dans le sud de l'Inde et au Sri Lanka) qui a d'abord utilisé ces jolies feuilles odorantes. Ils en apportaient lors de toutes leurs migrations.

Encore de nos jours, ils en intègrent dans plusieurs de leurs plats, dont la majeure partie est végétarienne.

Provenance Inde et Asie occidentale, mais maintenant, la Malaisie et l'île de la Réunion en produisent également.

Plante, culture, etc. Les feuilles de cari proviennent d'un arbrisseau appelé kaloupilé. Il possède des feuilles persistantes, qui peuvent être recueillies en tout temps et qui ont un doux parfum d'agrumes anisé. Elles ressemblent d'ailleurs aux feuilles de laurier. Ses fleurs poussent par grappes, au printemps, et produisent des baies de couleur verte.

Caractéristiques générales Il ne faut pas confondre le cari (kaloupilé), qui est à la fois une épice et un légume, avec le mélange d'épices que l'on nomme aussi « cari » (voir, p. 123). Ce mélange d'origine indienne est également très apprécié ici. On peut le retrouver en poudre ou en pâte de différentes couleurs, plus ou moins fortes et plus ou moins parfumées. Sa composition varie énormément. Elle peut contenir du curcuma, de la casse, de la cardamome, de la coriandre, du cumin, du gingembre, de l'ail, de l'oignon, du sel, du poivre, du piment, du clou de girofle, de la moutarde, du fenouil, du fenugrec, etc.

Utilisation Les feuilles de cari possèdent une saveur forte et aromatique. On peut s'en servir fraîches, les griller légèrement ou les faire revenir dans un peu de beurre. Elles ne doivent pas être cuisinées longuement, sans quoi elles développent une saveur amère. On les dépose donc dans les préparations seulement quelques minutes avant de les servir, de manière à les parfumer légèrement. On les utilise surtout pour les mets exclusivement à base de légumes, mais elles peuvent également convenir à ceux à base de viande et de volaille. En Asie, on les retrouve fraîches, mais ici, il est infiniment plus facile de les acheter séchées. Elles ont cependant ainsi perdu beaucoup de leurs arômes. Dans certaines épiceries indiennes toutefois, il est possible d'en acheter des fraîches ou des surgelées.

Propriétés médicinales Les feuilles de cari facilitent la digestion (elles atténuent, par exemple, les maux d'estomac)

et encouragent l'appétit. On leur reconnaît des propriétés antibactériennes et la capacité de combattre les infections à champignons. Elles peuvent également aider à contrer la fièvre. Elles sont simples d'utilisation, en infusion. L'écorce, de même que les racines de kaloupilé, peuvent quant à elles, en usage externe, servir d'anti-inflammatoire.

Le carvi *Carum carvi*

Autres noms Anis des Vosges, cumin des prés

Famille Apiacées (anciennement appelée ombellifères)

Histoire Très ancienne, l'histoire du carvi remonte à l'époque paléolithique. Sa présence dans certains lieux de sépulture de même que des écrits égyptiens prouvent que les Égyptiens en faisaient également l'utilisation. Déjà, on connaissait ses vertus médicinales, en autres en lien avec la digestion.

Provenance Scandinavie, Europe centrale, Asie et Afrique.

Plante, culture, etc. Le carvi vient d'une herbe aux nombreuses ramifications qui mesure généralement entre 50 cm et 1 m. Elle s'adapte assez facilement à différents climats, mais elle a une nette préférence pour les lieux ombragés et les sols humides. Les fleurs, qui éclosent tardivement au printemps, sont blanches, ou légèrement rose et mauve lorsqu'elles gagnent en maturité, et sont disposées en ombelle. Les fruits (les graines... qui se trouvent à être l'épice) n'apparaissent que durant la deuxième année de vie de la plante et ils se fendent lorsqu'ils sont mûrs. Il ne faut pas confondre les graines de carvi avec celles de cumin auxquelles elles ressemblent énormément (d'où son surnom de « cumin des prés »). Leur goût, cependant, est bien différent. Pour les récolter, on doit attendre qu'elles deviennent d'une couleur foncée, brunâtre. C'est alors que l'on coupe les tiges et qu'on les suspend la tête en bas, dans un lieu bien ventilé. De cette façon, les graines parviendront à maturité complète. Il ne restera qu'à secouer légèrement les bottes afin que les graines s'en échappent.

Caractéristiques générales En cuisine, on peut également utiliser les feuilles de carvi d'un goût moins intense que les graines. En effet, lorsque l'herbe est jeune, ses feuilles ont un goût agréable et parfument merveilleusement les plats à base de légumes, par exemple, les salades et les soupes.

Utilisation Son goût est très typé, musqué, anisé et un peu piquant. Les graines de carvi se cuisinent entières ou fraîchement écrasés au mortier. Le carvi est assez polyvalent (même s'il sied davantage aux plats salés) : il peut tout à la fois assaisonner une bonne salade de légumes (par exemple, une salade de chou légèrement acidulée) et rehausser une pièce de viande. Il convient bien aux légumes racines en général, mais peut aussi être ajouté à des préparations à base d'agrumes et à certains produits de boulangerie. On s'en sert également pour concocter des alcools forts. Les graines sont très goûteuses et ne doivent donc pas être utilisées avec excès.

Propriétés médicinales Le carvi aide à contrer les gaz intestinaux (il est même possible d'en faire usage pour apaiser les coliques de bébé) et favorise le transit et la digestion en général. Il est également antibactérien et il aide à contrer les symptômes du rhume. C'est un merveilleux tonique et il stimule la production du lait chez les femmes allaitantes. Pour des symptômes légers d'indigestion, une infusion de graines de carvi est tout indiquée ; tandis que pour des maux plus prononcés, il est préférable d'en mastiquer une petite poignée.

La casse *Cinnamomum cassia*

Autres noms Fausse canelle, canelle casse, cannelle de Chine, cannelle de Padang

Famille Lauracées

Histoire Les Chinois utilisent la casse depuis plus de 5000 ans, tant pour ses saveurs que pour ses vertus médicinales. Il n'est donc pas étonnant d'apprendre que le cannellier de Padang apparaît dans la mythologie chinoise et qu'il renvoie à l'arbre de vie, lequel, si on en mange les fruits, offre une vie heureuse et l'immortalité dans l'au-delà.

Provenance On trouve de la cannelle casse en Inde, en Chine, au Japon, en Birmanie, de même que sur l'île de Java (en Indonésie).

Plante, culture, etc. L'arbre qui produit la casse (le cassier) est d'une taille comparable à celle du cannelier et possède des feuilles persistantes, lesquelles sont fermes et de grande taille. Il génère également des fleurs jaunes, qui poussent en grappes, et des fruits qui font penser à des clous de girofle. L'écorce de l'arbre qui produit la casse est plus épaisse et délicate que celle de la « vraie cannelle ».

Caractéristiques générales La saveur de la cannelle casse est plus épicée que la « vraie cannelle » et possède une pointe d'astringence que l'autre ne renferme pas. C'est d'ailleurs toujours cette forme de cannelle que nous retrouvons dans les supermarchés. On peut l'acheter en poudre ou en bâtons.

Utilisation On utilise la casse de la même manière que l'on utilise la cannelle de Ceylan (voir p. 31-33). De plus, on peut utiliser ses fruits dans la préparation de marinades vinaigrées et de plats mijotés à base de viande.

Propriétés médicinales Les mêmes que la vraie canelle cannelle, voir p. 31-33.

Le céleri *Apium graveolens*

Autres noms « Cèleri » (nouvelle orthographe), céleri-feuille, céleri à couper, persil des marais (à l'état sauvage, il pousse dans des marais et au bord de petits ruisseaux), ache des marais, céleri odorant, céleri sauvage, ache puante

Famille Apiacées (anciennement appelée ombellifères)

Histoire Le céleri est un des premiers légumes à avoir été cultivé. On sait aujourd'hui qu'Égyptiens, Grecs et Romains l'utilisaient tant pour sa saveur que pour ses vertus curatives. C'est à partir du Moyen Âge qu'il a été intégré par les Européens, qui l'ont tout de suite apprécié.

Provenance Inde, Chine, Europe, nord de l'Afrique.

Plante, culture, etc. Le céleri est une herbe vivace dont le cycle de développement est de deux ans. Elle est touffue et très parfumée. Les tiges sont coriaces et filandreuses. Les feuilles, qui peuvent être cueillies tout au long de l'année, sont quant à elles assez délicates et elles sont disposées tout autour des branches. Le légume entier de même que ses graines sont récoltés pendant la saison automnale. La plante produit également de très petites fleurs ainsi que des fruits (les graines) qui seront séchés avant d'être utilisés en cuisine.

Caractéristiques générales Le céleri en entier (c'est-à-dire ses tiges et ses feuilles) est un légume, tandis que ses graines sont plutôt considérées comme une épice. On trouve aussi plusieurs dérivés, tels le sel et le poivre de céleri : il s'agit en fait de feuilles de céleri séchées que l'on mélange à d'autres aromates.

Utilisation Les feuilles de céleri sont rafraîchissantes et parfumées. Plutôt que de les jeter, conservez-les et ajoutez-les à vos bouillons de soupe ou, ciselées, à vos pot-au-feu. Elles offrent des saveurs tout en douceur, sans la texture filandreuse des tiges. Elles peuvent aussi être séchées afin de bien conserver leurs arômes. Les graines de céleri, quant à elles, ont un goût plus relevé, légèrement piquant. Il faut donc les utiliser avec parcimonie. Elles peuvent être utilisées entières ou pilées. Elles s'accordent bien aux sautés de légumes et agrémentent merveilleusement les poissons, les volailles, les farces et les conserves. Certaines personnes qui doivent limiter leur consommation de sel remplacent souvent celui-ci par des graines de céleri, puisqu'il rehausse bien la saveur des aliments.

Propriétés médicinales Le céleri possède des qualités stimulantes, on affirme d'ailleurs que c'est un aphrodisiaque! Il encourage la digestion de même que l'appétit. Il fait baisser la pression artérielle (on le conseille d'ailleurs pour combattre le stress) et aide à purifier l'organisme. Il peut également être utilisé comme anti-inflammatoire, il aide à soulager les rhumatismes et est aussi un bon diurétique. En raison de ses propriétés purificatrices, le céleri est parfois utilisé au printemps à des fins de cures. Si vous souhaitez tenter l'expérience, vous n'avez qu'à laisser infuser ses feuilles dans de l'eau très chaude durant quelques minutes, puis à boire cette eau.

La citronnelle *Cymbopogon citratus*

Autres noms Herbe citron, jonc odorant (du fait que la citronnelle possède des feuilles épaisses comme celles du jonc), *lemongrass*, verveine des Indes

Famille Poacées

Histoire La citronnelle est abondamment utilisée dans les pays de l'Asie, et ce, depuis plusieurs siècles. Ce sont d'ailleurs les peuples asiatiques qui ont propagé son utilisation de même que sa culture un peu partout à travers le monde.

Provenance Sud de l'Inde et Sri Lanka, mais maintenant aussi cultivée dans d'autres pays tropicaux (par exemple, en Afrique et aux Antilles) et dans le sud des États-Unis.

Plante, culture, etc. La citronnelle est une herbe vivace tropicale qui mesure entre 1 et 2 m et que l'on cultive, entre autres, pour ses tiges et son feuillage qui sont très appréciés en cuisine. Elle pousse en bouquets denses dans les pays tropicaux et ne produit des fleurs qu'après plusieurs années (environ quatre ans). Ses feuilles sont droites, très élancées et d'un vert foncé avec des lignes blanches. Toutes les parties de la plante dégagent une agréable et forte odeur de citron.

Caractéristiques générales La citronnelle est davantage une plante aromatique qu'une véritable épice. Elle détient d'ailleurs une place de choix dans l'industrie de la parfumerie, mais son usage abondant en cuisine nous encourage à lui concéder quelques lignes de ce livre. On peut la trouver dans les magasins de produits fins, naturels ou asiatiques ; fraîche (sous forme de longues tiges) ou séchée. Elle conserve bien ses saveurs lorsqu'on l'achète fraîche et qu'on la congèle.

Utilisation La citronnelle, avec son parfum rafraîchissant et une note d'amertume, se marie particulièrement bien avec les légumes et certains fruits. On l'utilise donc largement en salade, en potage, de même qu'avec certaines préparations que l'on mettra en conserve. On en use également afin de rehausser la volaille et le poisson, surtout si la recette contient déjà de la noix de coco (ou encore du lait de coco), du piment, de la coriandre ou du gingembre : épices et aromates qu'elle complète merveilleusement. Lorsque l'on cuit la citronnelle, il est recommandé de disposer des morceaux grossièrement coupés dans les mets de manière à pouvoir les retirer une fois la cuisson terminée. Utilisée crue, on peut la hacher finement avant de l'ajouter aux plats. Dans tous les cas, on privilégiera le bulbe, c'est-à-dire la partie la plus épaisse et la plus claire des feuilles. En infusion toutefois, on utilisera les feuilles.

Propriétés médicinales L'huile essentielle de citronnelle est fréquemment utilisée pour repousser les insectes, dont elle soulage aussi des piqûres et morsures. Quoique l'on en use parfois simplement pour son odeur rafraîchissante, la citronnelle détient également des propriétés désinfectantes, antifongiques et antibactériennes. On dit qu'elle aide aussi à contrer la dépression et qu'elle active le fonctionnement de l'intestin et du système digestif en général. Une boisson (par exemple une infusion de feuilles, que l'on peut consommer chaude, fraîche ou glacée) de citronnelle est fort désaltérante et convient parfaitement aux journées de grandes chaleurs.

Le clou de girofle

Syzygium aromaticum

Autres noms Girofle, giroflier

Famille Myrtacées

Histoire Il y a plus de 2000 ans que l'on utilise le clou de girofle. C'est d'ailleurs, avec la cannelle et le poivre, une des premières épices à avoir été commercialisées. C'est vers le IVe siècle qu'il fait son entrée en Europe, par le biais des marchands arabes, qui transportent avec eux des épices exotiques coûteuses de même que des textiles venus d'outre-mer. Par la suite, les grandes puissances européennes se combattront afin de faire main basse sur des plans de giroflier et ainsi avoir le monopole de l'épice tant convoitée.

Provenance Originairement l'Indonésie, mais aujourd'hui la Malaisie, le Sri Lanka, le Zanzibar, l'île de Pemba, les Antilles et Madagascar en font également le commerce.

Plante, culture, etc. Le giroflier est un arbre de taille relativement grande : il peut aller jusqu'à 15 m à l'état sauvage, mais on le garde aux environs de 5 m lorsqu'on le cultive afin de faciliter la cueillette de ses bourgeons, laquelle survient deux fois l'an. Ce sont ces bourgeons non parvenus à maturité et que l'on fait sécher au soleil, qui deviennent les clous de girofle que nous connaissons. C'est d'ailleurs ce procédé qui confère aux clous leur couleur hâlée, indice annonciateur de leurs chaudes saveurs. Les feuilles du giroflier sont persistantes. Elles sont fermes et vert foncé et les branches du giroflier en sont chargées. Les fleurs sont d'un beau rouge-orangé et disposées en ombelle.

Caractéristiques générales Les puissants parfums, très aromatiques, du clou de girofle de même que sa saveur chaude ont la réputation d'enflammer les passions. C'est probablement une des principales raisons qui explique sa popularité dans l'industrie des parfums. À d'autres fins esthétiques, il peut aussi être mastiqué afin de combattre la mauvaise haleine. Le clou de girofle est par ailleurs intégré à plusieurs mélanges d'épices.

Utilisation Le clou de girofle est utilisé et apprécié un peu partout à travers le monde. Il a un goût très marqué et parfumé, mais est très polyvalent. On retrouve le clou de girofle dans les pâtisseries et certains produits de boulangerie. Il se marie également très bien aux fruits, qu'il s'agisse de fruits d'automne, de fruits rouges ou d'agrumes, lors de la préparation de desserts, de compotes et de confitures, surtout si on l'associe à la cannelle ou à la noix de muscade. Il peut par contre tout aussi bien relever des plats salés comme des currys, des pot-au-feu à base de gibier ou des jambons. Le clou de girofle peut aussi bien s'incorporer à des préparations vinaigrées que l'on mettra en conserve, à des recettes à base de chou (salades, soupes, choucroute, etc.), de même qu'à des boissons chaudes (vin chaud aux épices [voir page 107], infusion, chocolat chaud, etc.). Comme les bourgeons sont séchés directement après leur cueillette, on ne peut trouver les clous de girofle que déshydratés, entiers ou finement moulus. Attention cependant avec la poudre, elle est très forte et doit donc être utilisée avec modération.

Propriétés médicinales Le clou de girofle est réputé pour avoir des propriétés antiseptiques, analgésiques et même anesthésiantes. Apparemment, on l'utilise depuis des siècles en Chine afin d'apaiser les symptômes des rages de dents. Il favorise aussi la digestion en agissant surtout au niveau des intestins, puisqu'il aide à y combattre les parasites. Il serait également commode pour les femmes enceintes, car le clou de girofle aide contre les maux de cœur et les vomissements, et peut même provoquer le déclenchement des contractions. Des infusions de clou de girofle seraient tout indiquées en hiver, parce que le clou a des effets échauffants et soutient le système immunitaire.

La coriandre  *Coriandrum sativum*

Autres noms Persil arabe, persil chinois, cerfeuil chinois, cilantro

Famille Apiacées (anciennement appelée ombellifères)

Histoire La coriandre était utilisée pendant l'Égypte des pharaons, puisque l'on en a retrouvé dans différentes tombes. Durant l'Antiquité, elle servait déjà d'aromate — on s'en servait pour parfumer certaines liqueurs —, mais on en usait aussi à des fins médicinales. Ce serait apparemment les Romains qui auraient entamé sa culture.

Provenance On ne connaît pas avec exactitude le berceau de cette plante herbacée, mais tout porte à croire qu'elle provient originairement de l'Europe ou du Moyen-Orient. On en retrouve également en bordure de la Méditerranée, en Amérique latine et en Russie.

Plante, culture, etc. La coriandre est une plante herbacée annuelle dont la taille peut varier de 25 à 65 cm. Elle s'acclimate bien à différents climats et à différentes terres. Elle est constituée de longues tiges au bout desquelles poussent, en touffes, des feuilles légèrement ciselées et d'un vert franc. Ces feuilles ressemblent d'ailleurs étrangement à celles du persil plat. La coriandre peut fleurir tout au long de l'été. Les fleurs sont blanches, parfois rosées, et poussent en ombelle. Les fruits contiennent de minuscules graines dont la couleur variera du beige au caramel. Les feuilles de coriandre peuvent être récoltées en tout temps jusqu'à ce que les fleurs fassent leur apparition. Pour cueillir ces dernières, il fait attendre que les fruits aient complètement mûri, après quoi on les sèche jusqu'à ce que les graines se détachent.

Caractéristiques générales En cuisine, on connaît surtout la coriandre pour l'usage que l'on fait de ses feuilles, mais ses racines et ses graines (que l'on emploie séchées) sont également savoureuses et peuvent être utilisées. D'ailleurs, les feuilles sont considérées comme des fines herbes et les graines, une épice. Ces graines, moulues, sont un ingrédient-clef de plusieurs mélanges d'épices (par exemple, le cari, voir p. 123). Notez aussi que la coriandre détient un taux considérable d'antioxydants.

Utilisation La coriandre est consommée un peu partout sur la planète, mais les peuples de l'Asie et de l'Amérique latine l'affectionnent particulièrement. Les feuilles ont un goût rafraîchissant et parfumé. Fraîches, elles se marient avec une foule d'aliments (qu'il s'agisse de légumes, de riz, de légumineuses, etc.). On les ajoute entre autres aux soupes afin qu'elles parfument leur bouillon. Elles peuvent être consommées cuites, mais il est cependant préférable de les ajouter en fin de cuisson afin qu'elles conservent un maximum de saveurs. Les graines ont encore plus de saveur que les feuilles et s'utilisent généralement avec les légumes (comme le chou ou les betteraves), les viandes et les poissons qui mijotent. Elles peuvent également servir lors de la préparation de marinades — un peu à la manière des graines d'aneth pour les conserves de cornichons — ou d'alcools sucrés. On en ajoute aussi parfois dans des produits de boulangerie et même de pâtisserie, tout comme dans la préparation de pâtés et de charcuteries. On se sert des racines principalement dans la cuisine asiatique.

Propriétés médicinales Ce sont surtout les graines de coriandre qui détiennent des propriétés médicinales. Elles s'utilisent facilement en infusion et sont bienfaisantes particulièrement pour le système digestif. Elles peuvent ainsi atténuer les douleurs au ventre et à l'estomac, les ballonnements et les diarrhées. On dit qu'elles favorisent aussi l'appétit, qu'elles sont antibactériennes et qu'elles ont des propriétés anticancéreuses. Lorsqu'appliquées sur la peau (en cataplasme), elles peuvent également soulager les douleurs articulaires de même que les zones sèches.

Le cumin *Cuminum cyminum*

Autres noms Faux anis, cumin blanc, cumin du Maroc, anis âcre, cumin de Malte

Famille Apiacées (anciennement appelée ombellifères)

Histoire L'utilisation du cumin remonte à bien avant notre ère, à l'époque préhistorique. On sait aussi que les peuples antiques l'utilisaient déjà afin d'agrémenter leurs plats, un peu à la manière du poivre par la suite. Ils en usaient également à des fins médicinales. Une ancienne croyance raconte que de porter sur soi quelques graines de cumin suffit à garder des esprits maléfiques et du mauvais œil. Une autre voulait que cette épice scelle les amoureux dans une fidèle union.

Provenance Régions en pourtour de la Méditerranée, de même que Russie, Inde et Chine.

Plante, culture, etc. Le cumin vient d'une plante herbacée annuelle gracile mesurant entre 15 et 30 cm qui fleurit au cœur de l'été et qui engendre de délicates fleurs en ombelle de couleur blanche et rose. Les feuilles sont elles aussi fragiles, très élancées et d'un vert plutôt sombre. Ce sont les graines (les fruits) de cumin qui constituent l'épice. Celles-ci sont recueillies avant qu'elles n'atteignent leur pleine maturité. Petites, ovales et légèrement recourbées en forme de quartier de lune, elles ressemblent aux graines de carvi. Mais cette parenté n'est qu'illusoire, puisque les deux plantes ne proviennent pas de la même famille botanique.

Caractéristiques générales Ici, on utilise les graines séchées du cumin et, le plus souvent, moulues. On peut toutefois trouver des graines de cumin entières dans à peu près tous les supermarchés. Ces dernières se conservent d'ailleurs infiniment plus longtemps puisqu'elles gardent ainsi leur parfum. Pour un maximum de saveurs, il faut griller légèrement les graines de cumin avant de les broyer au mortier. Le cumin s'harmonise bien à plusieurs autres épices comme la cannelle, la cardamome et le curcuma. Pas étonnant qu'il intègre plusieurs mélanges d'épices (entre autres, le garam masala, le tandoori et le ras el hanout).

Utilisation Les graines de cumin s'accordent bien avec une multitude de mets. Son goût est caractéristique : très parfumé et légèrement âcre. On les marie souvent à de la volaille ou encore à des poissons. On peut aussi les ajouter aux potages, aux pot-au-feu et aux tajines. Les Mexicains l'utilisent aussi dans leurs mélanges à base de viande, comme le chili con carne et la préparation à burritos. Les Indiens, quant à eux, s'en servent afin de préparer leurs riz et leurs currys. Si vous n'avez pas l'habitude de cuisiner avec cette épice, notez bien qu'elle est à utiliser avec parcimonie, puisque son goût est très marqué.

Propriétés médicinales On prescrit des graines de cumin afin de prévenir les troubles de la digestion, mais aussi de l'appétit. On suggère d'ailleurs de l'associer à certains légumes (comme le chou) et aux légumineuses afin de contrer les désagréables effets de ballonnements qu'ils peuvent engendrer. Le fait de mastiquer des graines de cumin lutte aussi contre la mauvaise haleine. La médecine traditionnelle indienne l'utilise pour rafraîchir lors des canicules. Les infusions de graines de cumin ont aussi des effets calmants et antibactériens.

Le curcuma *Curcuma longa*

Autres noms Safran des Indes (son nom arabe, *kourkoum*, signifie « safran »), safran de Malabar, safran bâtard, terre-mérite, jiang huang

Famille Zingibéracées

Histoire Il y a longtemps que l'on fait le commerce du curcuma (on le commercialisait déjà à l'Antiquité), mais on le faisait à l'origine à des fins médicinales et utilitaires (on s'en servait, par exemple, pour la préparation de teintures) ainsi que comme aliment destiné à agrémenter les plats.

Provenance Inde, Japon, Chine, Birmanie, Indonésie, Afrique et Australie.

Plante, culture, etc. Le curcuma provient d'une très jolie plante herbacée qui ne fleurit qu'après quelques années. Cette plante mesure généralement entre 1 et 2 m de hauteur. Ses feuilles sont très élancées et peuvent même atteindre les 50 cm. Les fleurs aussi sont de grande taille, de forme conique (qui s'apparente à celle des artichauts), et possèdent différentes couleurs : vert, orangé, rose et blanc. La partie de la plante qui est consommée est le rhizome, tout comme dans le cas du gingembre, auquel il ressemble d'ailleurs (voir p. 133). Ce rhizome est constitué d'un rhizome principal auquel y sont rattachés d'autres, plus petits.

Caractéristiques générales Cuisiné frais, le curcuma est plus délicat et même un peu sucré, mais ici, on ne le retrouve que sous la forme d'une fine poudre. On obtient cette mouture en déterrant les racines de curcuma et en les faisant bouillir afin de les attendrir. On fait ensuite sécher durant plusieurs jours les rhizomes avant d'en retirer la peau et de les broyer.

Utilisation C'est la racine du curcuma qui est utilisée en cuisine. Sa saveur chaude est très aromatique, avec des notes poivrées et une pointe d'astringence et d'amertume. On cuisine cette racine tant avec des viandes qu'avec des poissons et des fruits de mer. On peut par exemple badigeonner des poissons à chair blanche d'une marinade à base d'huile, de curcuma et de citron (ou de lime) avant la cuisson pour en rehausser la saveur. Les Indiens l'utilisent abondamment dans les currys, de viandes ou de légumes. Le curcuma sait aussi parfumer — mais aussi colorer — riz et pâtes alimentaires. Il entre également dans la composition de plusieurs mélanges d'épices, de moutardes préparées et d'aliments en conserve à base de moutarde. Il peut aussi être intéressant de savoir que le curcuma atténue légèrement le goût piquant des piments. Aussi, il faut l'utiliser avec modération lorsque l'on s'en sert comme colorant alimentaire naturel, puisque son goût est assez marqué.

Fait moins connu, le curcuma peut aussi être utilisé lors de la préparation de certains desserts. Il est d'ailleurs très savoureux lorsqu'on le saupoudre sur des crèmes glacées ou autres desserts aux saveurs délicates de vanille et de miel.

Propriétés médicinales Le curcuma est reconnu pour favoriser la digestion, de même que pour soulager les maux de foie et d'estomac, de même que les maux de ventre liés aux menstruations. Il active la circulation sanguine et la respiration. Le curcuma est aussi anti-inflammatoire et on lui connaît des propriétés antiseptiques et réparatrices pour la peau (dans certains pays asiatiques, on utilise d'ailleurs une préparation à base de curcuma pour soigner des blessures légères). Récemment, on a beaucoup parlé de son fort taux en antioxydants et de ses effets anticancéreux.

Le fenouil *Foeniculum vulgare*

Autres noms Fenouil commun, fenouil doux, fenouil bulbeux, anis doux

Famille Apiacées (anciennement appelée ombellifères)

Histoire L'utilisation du fenouil, tant comme ingrédient culinaire que médicinal, remonte à très loin dans l'histoire. Nombreux écrits datant de l'Antiquité, et même de l'Égypte ancienne, mentionnent son usage afin de contrer différents maux, entre autres liés à la digestion.

Provenance Le bassin méditerranéen. L'Inde et l'Amérique du Sud en produisent aussi maintenant.

Plante, culture, etc. Le fenouil est une plante vivace dont la taille varie généralement entre 1,5 et 2,5 m. Il se plaît particulièrement en bord de mer. Le fenouil possède de grandes tiges robustes, au bout desquelles les feuilles, fines et dispersées, laissent percevoir de jolies petites fleurs jaunes en ombelle. Les fruits du fenouil (les graines) ressemblent beaucoup à l'anis : petits et sillonnés. La racine a une forte odeur anisée ; des autres parties de la plante émane un parfum infiniment plus doux. On peut cueillir les feuilles et les tiges à partir de la première année de vie de la plante, mais elle ne produira des graines qu'à partir de la deuxième. Il faut agiter vigoureusement la plante afin que les graines lâchent prise. Une fois recueillies, on les sèche avant de les utiliser en cuisine.

Caractéristiques générales Toutes les parties du fenouil se mangent, mais c'est surtout sa racine volumineuse (malgré son apparence, il ne s'agit pas d'un bulbe comme l'est l'oignon) qui est utilisée en cuisine. Il n'est pas véritablement une épice, mais bien un légume. Cependant, en raison de sa très grande polyvalence et de son usage fréquent en cuisine, nous considérons qu'il mérite une place dans ce livre. Les graines de fenouil, cependant, sont considérées comme une épice. On les retrouve d'ailleurs dans le mélange des herbes de Provence et celui des cinq épices (voir p. 124).

Utilisation Avec son goût rafraîchissant, anisé et légèrement sucré et mordant, le fenouil sait rehausser maints plats. Les feuilles ont un goût particulièrement délicat. Elles s'utilisent généralement en salade et s'intègrent facilement dans à peu près n'importe quelle recette de poisson. On peut aussi les mélanger à un peu de yogourt nature afin d'en faire une sauce d'accompagnement. La racine possède un goût d'anis plus prononcé et peut, en ce sens, ne pas plaire à tous. Elle se consomme crue ou cuite, en salade, dans des soupes (de crustacés tout spécialement), dans des mijotés… elle est de toutes les sauces! On fait également différents usages des graines de fenouil. On les intègre dans certains alcools forts, on les cuit doucement dans des pot-au-feu ou on les ajoute aux marinades. Elles sont aussi utilisées en pâtisserie et en boulangerie. On ose d'ailleurs souvent les mélanger à de l'écorce d'orange, qui se marie parfaitement à ses saveurs typées.

Propriétés médicinales Ce sont surtout les graines de fenouil qui sont utilisées à des fins médicinales. Des infusions de graines de fenouil favorisent une bonne digestion et évitent les ballonnements intestinaux (on les recommande d'ailleurs pour apaiser les coliques des nouveau-nés). Elles aident également à calmer nausées et brûlements d'estomac. Elles encouragent aussi la lactation chez les femmes allaitantes. Prises en fin de soirée, les infusions de fenouil encouragent le sommeil et aident même à traiter de vilaines toux lors de rhumes, de grippes, de bronchites, etc. En usage externe, le fenouil aide à réguler l'excès de sébum des peaux grasses.

Le fenugrec *Trigonella foenum-graecum*

Autres noms Trigonelle, trigonelle fenugrec, sénégrain ou sénégré, foin grec

Famille Papilionacées (aussi appelée fabacées)

Histoire Le peuple égyptien utilisait le fenugrec dans ses rituels d'embaumement, mais aussi en cuisine. Par la suite, en Grèce, certains penseurs en usaient apparemment afin d'aiguiser leurs fonctions cérébrales, tout comme les Asiatiques avec le thé.

Provenance Moyen-Orient, Inde et centre de l'Europe.

Plante, culture, etc. Le fenugrec est une herbe à feuilles rampantes dont la taille peut atteindre jusqu'à 60 cm. Il produit de gros fruits mesurant 8 à 10 cm, lesquels contiennent souvent une vingtaine de graines de couleur ambrée. Afin de les récolter, il faut d'abord sécher les gousses (les fruits), puis les secouer afin qu'elles libèrent leurs graines, utilisées en cuisine. Ces graines sont soit chauffées à haute température, soit macérées dans l'eau pour ensuite être moulues. Les feuilles qui, comme le trèfle, poussent par groupe de trois peuvent être recueillies en tout temps ; les graines, quant à elles, sont récoltées au début de l'automne.

Caractéristiques générales Le fenugrec entre dans la préparation du mélange d'épices ras el hanout, largement utilisé au Maghreb, entre autres dans la préparation de tajines. Il est également une des épices du mélange garam masala dont on fait usage principalement en Inde et au Pakistan.

Utilisation Les peuples indiens et éthiopiens font usage du fenugrec dans leurs cuisines traditionnelles. Ils en utilisent tant les feuilles que les graines, dont le goût diffère. Les feuilles s'emploient un peu comme des pousses. Elles ont un goût de verdure et sont légèrement sucrées. On compare leurs saveurs à celles du céleri, des haricots verts ou encore des petits pois. On peut facilement les employer en salades ou encore en accompagnement de plats de poisson. Les graines de fenugrec peuvent être utilisées entières ou réduites en poudre. Lorsqu'on les cuisine entières, il est toutefois préférable de les faire griller légèrement si l'on souhaite échapper à sa délicate amertume. Les graines ont effectivement un goût aigre-doux plus prononcé que celui des feuilles. Les Indiens les utilisent dans la préparation de certains currys. Avec la vague croissante de l'alimentation crue et, plus spécifiquement, de l'alimentation vivante, il est maintenant possible de trouver en magasin des graines germées de fenugrec. Celles-ci se révèlent parfaites pour les salades et en verdure dans les sandwichs.

Propriétés médicinales Certains affirment que le fenugrec aide à contrer la perte abondante des cheveux. Il est également un tonifiant, tant pour la masse musculaire que pour le niveau d'énergie, puisqu'il accroît l'endurance physique et psychique. Le fenugrec aurait aussi des effets préventifs sur certains types de cancer. Idéal pour les femmes enceintes, le fenugrec encouragerait à la fois les contractions utérines et la lactation. On le dit aphrodisiaque : il favoriserait effectivement la production des hormones sexuelles. Le fenugrec contribue aussi à régulariser le taux de glucides et de cholestérol sanguin. De même, il facilite la digestion et est diurétique. En usage externe, il peut être utilisé afin d'améliorer certains problèmes de peau.

Le genièvre *Juniperus communis*

Autres noms Baie de genièvre, genévrier

Famille Cupressacées

Histoire On retrouve des traces de son utilisation même avant Jésus-Christ. En effet, aux environs de 1550 avant notre ère, un médecin égyptien usait de cette baie dans une préparation vouée à guérir du ver solitaire. Les peuples antiques et médiévaux en faisaient également usage à des fins médicinales. Sur une note plus anecdotique, on suspendait des branches de genièvre aux cadres de porte afin de faire fuir les sorcières. De plus, on se servait des baies de genièvre afin de concocter des alcools forts. Ils étaient très appréciés à l'époque et le sont toujours.

Provenance Amérique du Nord, Europe, nord de l'Asie.

Plante, culture, etc. Le genièvre (aussi appelé genévrier commun) est un arbuste à feuilles épineuses et acérées qui mesure généralement de 3 à 5 m, parfois davantage. On ne cultive pas le genièvre, on le trouve en altitude, à l'état sauvage. On doit planter des arbres mâles et femelles si l'on souhaite récolter des galbules (ou fausses baies) et seuls les arbres femelles en donneront. En effet, le genièvre, tout comme les autres arbres de la famille des cupressacées, ne produit pas de fruits. L'utilisation du mot « baie », quoique très courante, est donc inappropriée. Le genièvre fleurit durant l'été, durant les mois de mai et de juin. Ses galbules sont coniques et, parvenues à pleine maturité — ce qui exige deux ou même trois ans —, elles sont d'un beau bleu nuit. Ces galbules ressemblent à de gros bleuets ou encore à de petits raisins bleus et sont récoltées à l'automne. On doit les sécher dans un endroit ombragé avant de les utiliser, puis plus longuement si on souhaite les conserver.

Caractéristiques générales De l'arbuste en entier, seules les galbules sont comestibles ; les autres parties sont toxiques. Sur le marché, on les trouve généralement entières et séchées. On les écrase donc au mortier ou on les broie avec une poivrière. On peut également les jeter entières dans certaines préparations, surtout mijotées. De plus, les femmes enceintes et allaitantes de même que les gens ayant une faiblesse ou une maladie rénale doivent s'abstenir de consommer du genièvre.

Utilisation Au goût amer et sucré tout à la fois, les galbules sont, le plus souvent, utilisées séchées, entières ou broyées. Elles parfument bien les plats mijotés. Étant donné leur légère amertume et leur présence en bouche, on choisira donc des viandes goûteuses et corsées, comme les gibiers. Elles sont aussi incorporées à la préparation de sauces, de marinades, de terrines et de pâtés, de même qu'à des plats à base de chou et des desserts. Grâce à son taux élevé en sucre, on peut préparer bon nombre de boissons fortes à base de genièvre. Les parfumeries les utilisent également.

Propriétés médicinales Le genièvre a des propriétés calmantes, diurétiques, digestives, antiseptiques (particulièrement efficaces pour les voies urinaires), etc. Il serait également efficace pour contrer le rhume et certains problèmes de peau (comme l'acné et la peau grasse). En médecine douce, on l'utilise soit en teinture, en huile ou en infusion.

Le gingembre *Zingiber officinale*

Autres noms Gingembre commun, gingembre traditionnel

Famille Zingibéracées

Histoire Le gingembre est utilisé depuis la nuit des temps. Il semble que les médecines traditionnelles indienne et chinoise en usent depuis toujours. Puis, les marchands arabes l'ont fait connaître aux Européens, lesquels ont par la suite férocement combattu pour obtenir le monopole de sa culture et de son commerce.

Provenance Le gingembre trouve son berceau en Inde, mais on le cultive de nos jours en Chine et dans plusieurs pays tropicaux.

Plante, culture, etc. Le gingembre est une plante herbacée vivace en provenance des régions tropicales d'Asie. Cette plante possède de longues tiges (entre 1 et 1,5 m) et des feuilles très élancées et d'un vert profond. Elle produit des fleurs jaunes et pourpres qui prennent racine dans le rhizome principal. Ce sont d'ailleurs les rhizomes que l'on consomme. Ceux-ci ont un goût très prononcé et piquant, mais aussi très parfumé.

Caractéristiques générales Les jeunes rhizomes ont un goût nettement plus délicat que celui des plus vieux, dont les saveurs sont plus marquées. Le gingembre est si populaire que l'on trouve maintenant ces racines aux formes bizarroïdes tant dans les fruiteries, les épiceries fines que dans les grandes surfaces (voir photo p. 129). On peut tout aussi bien l'acheter en poudre (dans ce cas, les racines sont nettoyées, puis séchées au soleil avant d'être moulues), en morceaux séchés, confit ou en pots, dans du sirop.

Utilisation On reconnaît facilement le goût chaud et le parfum du gingembre (très typé, à la fois poivré, citronné et sucré) dans les cuisines orientales. Il se marie autant à des mets salés que sucrés. Il donne du caractère aux recettes à base de poisson à chair blanche. De même, il accompagne à merveille des pièces de bœuf ou de porc, par exemple, en l'apprêtant dans une sauce piquante et sucrée. Lors de la préparation de desserts, on le marie généralement à d'autres épices comme la cannelle et le clou de girofle. Il se mêle autant à des desserts lactés qu'à des petits gâteaux mielleux ou à des biscuits parfumés aux écorces d'agrumes. Il est aussi un ingrédient important du fameux thé chai indien (voir p. 83) et d'autres boissons chaudes et sucrées, de même que du *ginger ale* (soda gingembre) et de certains spiritueux.

Propriétés médicinales Les vertus soi-disant aphrodisiaques du gingembre sont contestées. Mais ses capacités à stimuler la digestion, l'appétit, de même que le système nerveux ne le sont toutefois pas. Il tend à abaisser le taux de mauvais cholestérol dans le sang et combat les migraines. Le gingembre aide aussi à combattre les nausées, c'est pourquoi les femmes nouvellement enceintes et les personnes souffrant du mal des transports en traînent régulièrement sur elles. Confit, il est délicieux et se consomme à tout moment. Sa saveur piquante élève la température corporelle et provoque une légère transpiration, ce qui a pour effet d'aider à combattre les inflammations, les petits virus et les bactéries, tout comme le fait la fièvre. Les infusions de gingembre, adoucies de miel (et parfois agrémentées de jus de citron) sont un incontournable au cours des périodes automnale et hivernale durant lesquelles la grippe bat son plein. Le gingembre soutient d'ailleurs le système immunitaire.

Le matcha Camellia sinensis

Autre nom Mousse de jade

Famille Théacées

Histoire La manière de préparer le thé en poudre et battue dans de l'eau plus tiède que chaude s'est implantée en Chine sous la dynastie des Song (960-1279). C'est alors qu'est née la boisson que l'on appelle « mousse de jade », en raison de la couleur, d'un vert délicat, de sa préparation. Le maître du thé Sen no Rikyū l'a par la suite intégrée à son ouvrage consacré au thé dans lequel il décrit les étapes de la cérémonie. Cet ouvrage très ancien détient maintenant une valeur symbolique importante et il est encore une référence non négligeable en matière de thé.

Provenance Japon. Son berceau se trouve en Chine toutefois, comme celui de tous les thés d'ailleurs.

Plante, culture, etc. Le théier (ou camellia sinensis) est un arbre à feuilles persistantes et dont la taille varie énormément (de 5 à 30 m) selon les régions où il pousse. On le garde toutefois assez bas en culture afin de faciliter la cueillette des feuilles. Le camellia sinensis apprécie les climats chauds et humides. Il est relativement capricieux et nécessite à la fois des pluies abondantes et des journées ensoleillées. Il produit de petits bourgeons duveteux qui se transforment en feuilles dentelées d'un vert assez foncé. Ce sont à la fois les feuilles et les bourgeons qui, après avoir subi maintes transformations, entrent dans la confection du thé.

Caractéristiques générales Le matcha est originellement un thé utilisé pour la cérémonie japonaise du thé (mais aujourd'hui abondamment consommé ici). Son goût est rafraîchissant, légèrement amer avec une pointe d'astringence et il rappelle certains arômes de beurre et de crème fraîche lorsqu'il est de bonne qualité. Le matcha peut être considéré comme une épice, puisque comme les autres, il ne peut être utilisé comme tel, seul (on doit, au minimum, le préparer en infusion). De plus, il est un produit transformé (contrairement aux fines herbes et autres aromates comme la racine de fenouil) et peut servir à rehausser ou à aromatiser certaines préparations.

Utilisation Le matcha est utilisé dans la confection de plusieurs sucreries japonaises, entre autres les *daifuku*, préparées à partir de haricots rouges et blancs. Quoiqu'on l'utilise, à l'origine, comme boisson servant à accompagner ces petites pâtisseries, il peut très bien être intégré (et l'est régulièrement) à même la recette. Le matcha se marie merveilleusement bien aux desserts lactés. Par exemple, il suffit d'en saupoudrer légèrement sur une crème glacée à la vanille ou de l'incorporer à une recette de panna cotta afin d'en faire ressortir toutes les subtilités. Il s'intègre également très bien à d'autres desserts comme les petits biscuits de type sablés ou financiers. Il est plus rarement utilisé dans la préparation de mets salés quoiqu'il parvienne merveilleusement à en rehausser les saveurs, du poisson, notamment. Attention cependant ! Le thé matcha est constitué de feuilles de thé broyées, c'est-à-dire que lorsqu'on le consomme, on ingère les feuilles de thé en entier. Le taux de caféine du matcha est de loin supérieur aux autres thés. Faites alors attention si vous avez certaines sensibilités à cet alcaloïde.

Propriétés médicinales Le thé matcha réveille l'esprit sans toutefois l'énerver. Il contient beaucoup d'antioxydants et est un diurétique efficace. Certains affirment qu'il aide à prévenir plusieurs formes de cancers.

La moutarde *Brassica nigra*

Autres noms Moutarde noire, sénevé, sénevé ordinaire

Famille Cruciféracées

Histoire On utilise la moutarde à des fins thérapeutiques depuis l'Antiquité. Déjà, les Grecs et les Romains en préparaient une mixture, comparable à la moutarde préparée que l'on consomme aujourd'hui, qui servait à agrémenter leurs plats. Elle a aussi longtemps remplacé le poivre puisque celui-ci était très coûteux. Beaucoup plus tard, au XIVe siècle, ce sont les Français qui ont repris et amélioré la recette de la moutarde ; ils sont d'ailleurs toujours reconnus pour la préparation de moutardes. La « moutarde de Dijon » est de nos jours une appellation contrôlée.

Provenance La moutarde provient à l'origine des pays en bordure de la Méditerranée et du Moyen-Orient, mais on la retrouve aujourd'hui en Inde, en Chine, en Europe (surtout en France et en Allemagne) de même qu'en Amérique du Nord. Bref, un peu partout à travers le monde.

Plante, culture, etc. La moutarde est une plante annuelle qui mesure plus ou moins 1 m. Ses feuilles sont vert foncé, se segmentent et sont finement dentelées. Ses fleurs apparaissent au cœur de l'été et sont d'un jaune d'or. Elles se transforment peu à peu en petites enveloppes (que l'on appelle gousses), lesquelles contiennent les graines (généralement quatre ou cinq chacune), petites et de forme arrondie, de couleur brune et que l'on utilise en cuisine. C'est le séchage qu'on leur fait subir qui leur confère leur goût piquant, puisque ce procédé libère des enzymes à l'origine de cette saveur.

Caractéristiques générales On peut acheter l'épice déjà réduite en poudre, mais celle-ci aura probablement perdu déjà beaucoup de saveur. On la retrouve aussi sous forme de graines entières. Celles-ci sont plus goûteuses. Il suffit de les griller légèrement (quoique ce soit facultatif) et de les broyer au mortier afin d'en retirer un maximum de goût. On retrouve aussi maintenant des pousses de graines de moutarde. Elles ressemblent en apparence à la luzerne et leur utilisation ne diffère guère, mais elles ont un goût franchement plus prononcé, plus piquant.

Utilisation Les Indiens font généralement revenir les graines dans un peu de beurre clarifié (appelé *ghee*) avant de les intégrer à différentes recettes : currys, riz, dhal (recettes de lentilles), sauces, etc. La moutarde intègre admirablement bien toutes sortes de vinaigrettes et de marinades. Les plats à base de viande au goût prononcé (comme les gibiers) et les grillades la supportent bien. Elle convient toutefois aussi aux chairs plus délicates des volailles et des poissons. Ce sont d'ailleurs les graines qui entrent dans la composition des différentes recettes de moutardes préparées. On y ajoute généralement du vinaigre, du jus de citron, du sel, un peu de sucre de même que d'autres aromates. L'utilisation des feuilles et des fleurs de moutarde est moins répandue, mais l'essai en vaut la chandelle puisque leur saveur est plus délicate et s'agence bien aux légumes frais, préparés par exemple en salades.

Propriétés médicinales La moutarde stimule l'appétit de même que la digestion et la circulation sanguine. Elle détient des propriétés échauffantes ; il est donc approprié de la consommer abondamment durant la saison froide. On la dit également désinfectante et laxative. En usage externe (en cataplasme), la moutarde soulage différents maux reliés aux voies respiratoires de même que les douleurs articulaires. La fameuse « mouche de moutarde » n'est-elle pas un remède de grand-mère qui fait toujours ses preuves ?

La muscade *Myristica fragrans*

Autres noms Noix de muscade, noix muscade, muscadier

Famille Myristicacées

Histoire Comme dans le cas de la cannelle et du poivre, la noix de muscade a fait l'objet de nombreuses batailles, au cours des XVe et XVIe siècles, entre les puissances européennes, afin de s'emparer du monopole de son commerce et de l'ensemble de sa production. Ce sont d'abord les Portugais, puis les Hollandais, qui régneront sur l'activité de cette épice. Ils y arriveront en s'emparant des Moluques et des autres îles des épices jusqu'à ce que l'on parvienne à acclimater la noix de muscade à d'autres sols. Avant eux, ce sont les marchands arabes qui dirigeaient le commerce de la muscade, car ils étaient les seuls à s'approvisionner directement auprès des producteurs asiatiques.

Provenance Îles indonésiennes (surtout les Moluques), mais maintenant cultivée dans le reste de l'Indonésie, en Inde, au Sri Lanka, en Amérique centrale et du Sud.

Plante, culture, etc. Le muscadier est un arbre tropical aux feuilles persistantes et dont la durée de vie atteint souvent les 100 ans. Il mesure généralement de 10 à 15 m, mais peut parfois atteindre les 30 m. En culture toutefois, il ne dépasse guère les 10 m afin de faciliter la cueillette de ses fruits. Le muscadier porte soit des fleurs mâles, soit des fleurs femelles. Ce sont seulement celles qui appartiennent à la deuxième catégorie qui engendrent des fruits et c'est d'ailleurs la raison pour laquelle on les retrouve en proportion de dix contre un dans les cultures. Les feuilles du muscadier sont allongées et d'un beau vert franc. Ses fruits ressemblent étrangement à des pêches blanches et ils renferment les fameuses noix, recouvertes d'une membrane rouge rosacé. Les noix subissent un séchage, puis on les casse afin d'en retirer l'amande (voir p. 132).

Caractéristiques générales Consommée en quantité trop importante, la noix de muscade peut engendrer certains désagréments comme des maux de cœur, une intense fatigue ou, à l'inverse, une excitation euphorique et même des palpitations cardiaques. Les femmes enceintes devraient en limiter la consommation, puisqu'on la soupçonne d'être à l'origine de complications, voire d'interruptions de grossesse.

Utilisation On peut cuisiner avec la muscade déjà moulue, mais il est certain que cette poudre a déjà énormément perdu en finesse et en saveur. Le mieux est d'acheter les noix entières et de les râper finement avant de l'ajouter aux différentes recettes. Sa saveur chaude, très parfumée, délicate et légèrement musquée, s'agence bien avec une foule d'aliments. Elle se marie parfaitement aux pommes de terre et autres légumes racines. De plus, vous ne voudrez plus cuisiner vos veloutés de champignons sans son doux parfum. Elle rehausse également les fondues au fromage de même que les pot-au-feu. On en intègre aussi bien souvent dans les desserts à base de fruits d'automne que dans les muffins et les gâteaux épicés.

L'utilisation de la membrane qui recouvre la noix (ou de l'arille) est moins connue en cuisine. Son goût est agréable et un peu plus délicat que celui de la noix elle-même. On peut la retrouver déshydratée en magasin. Elle porte aussi le très joli nom de « fleur de muscade » ou de macis. La noix de muscade demeure une épice relativement coûteuse ; sa « fleur » l'est encore davantage. On utilise également la noix de muscade afin d'aromatiser certains alcools forts. De même, l'industrie des parfumeries et des soins de beauté s'en est emparée il y a fort longtemps.

Propriétés médicinales La noix de muscade encourage la digestion et évite l'accumulation de gaz intestinaux et les maux d'estomac. Elle est également anti-inflammatoire et antiseptique, de même qu'antispasmodique. Son usage peut sembler paradoxal, puisqu'elle peut tout à la fois servir de calmant naturel et d'euphorisant, voir d'hallucinogène. Il est également à noter que les effets de l'alcool se trouvent largement intensifiés par la consommation de la noix de muscade.

Le paprika *Capsicum annuum*

Autres noms Poivre rouge, piment, piment doux, poivron, piment rouge long

Famille Solanacées

Histoire Ce poivron a fait son entrée en Europe, à partir de l'Amérique du Sud, au temps des grandes conquêtes du xve siècle. La variété que l'on cultivait à cette époque existe toujours et sa saveur est aussi piquante que celle du poivre. Par la suite (au cours du xvie siècle), les Turcs l'ont fait connaître aux Hongrois, lesquels l'ont littéralement adopté.

Provenance Amérique latine, où il est largement utilisé (tout comme en Amérique du Nord, d'ailleurs). On retrouve maintenant du paprika sur les terres du Moyen-Orient, aux États-Unis et en Europe (surtout en Hongrie, où il détient en quelque sorte l'icône de l'épice nationale et où il est réputé être de la plus grande qualité).

Plante, culture, etc. Le paprika provient d'un buisson annuel qui peut atteindre 1 m de hauteur. Ses feuilles sont vert foncé et elles ont une forme elliptique. La floraison se déroule le plus souvent entre les mois de juin et de septembre. De nos jours, on cultive le paprika de différentes variétés, en passant du plus piquant au plus doux. On le retrouve cependant encore à l'état sauvage. La couleur des fruits, les poivrons, elle, ne change pas : elle est invariablement d'un rouge franc, également caractéristique de la poudre que l'on en tire..

Caractéristiques générales La poudre de paprika est obtenue à partir des fruits alors qu'ils ont atteint leur maturité (voir p. 131). Ces fruits sont cueillis et séchés avant d'être broyés jusqu'à l'obtention d'une fine poudre. Frais, ces poivrons rubis sont utilisés simplement comme légumes.

Utilisation Les Hongrois et les Latino-américains utilisent le paprika en abondance. Avec ses parfums, sa touche d'astringence et ses notes sucrées, il relève bien souvent leurs plats de viande mijotée en sauce. Il peut aussi être saupoudré sur une foule d'aliments et de préparations qui ont moins de saveurs (comme les volailles, les poissons, les fromages frais, les pommes de terre et les œufs) ou simplement à des fins esthétiques. Notez qu'il est préférable de ne pas cuire trop longtemps le paprika sans quoi il développe une certaine amertume. Il vaut mieux l'intégrer aux préparations en fin de cuisson seulement.

Propriétés médicinales Le paprika, comme plusieurs autres épices, favorise la digestion et la circulation sanguine. On lui reconnaît aussi des propriétés échauffantes (il peut même engendrer une légère sudation) et désinfectantes. On dit aussi de ce piment doux qu'il stimule le métabolisme tout entier et qu'il renforce le système immunitaire.

Le pavot *Papaver somniferum*

Autres noms Pavot somnifère, pavot des jardins, pavot à opium, pavot bleu, pavot commun

Famille Papavéracées

Histoire En cuisine, les graines de pavot sont utilisées depuis fort longtemps, dès le IIᵉ siècle de notre ère, dit-on. Mais comme narcotique, leur histoire remonte à bien avant. En effet, les peuples de l'ancienne Perse, de la Chine et de l'Inde en faisaient usage comme drogue, mais également comme puissant antidouleur et anesthésiant naturel (leur consommation a des effets soporifiques). Le pavot a aussi longtemps été un symbole de fertilité, en raison du fait qu'il renferme une multitude de graines.

Provenance Asie et Moyen-Orient, mais on le cultive aussi de nos jours en Europe et en Amérique du Sud.

Plante, culture, etc. La plante est une herbacée annuelle dont la taille fait plus ou moins 1 m et dont les feuilles sont d'un beau vert bleuté. Cette plante entre dans la même famille botanique que les coquelicots, c'est pourquoi les fleurs, qui se manifestent entre juin et août, sont d'une grande beauté. Ces fleurs varient du jaune au rouge-orangé ou encore au blanc, selon la variété et le lieu de la production. Aux fleurs se rattachent de petites capsules, lesquelles renferment un très grand nombre de graines (souvent plusieurs centaines) de couleur bleu argenté et de forme légèrement recourbée.

Caractéristiques générales Les graines de pavot proviennent du *Papaver somniferum*, la même plante à partir de laquelle on produit de l'opium. Mais les graines que l'on utilise en cuisine ont été récoltées une fois parvenues à maturité et c'est pourquoi elles n'engendrent aucun effet. Il est également à noter que la seule partie comestible de la plante sont ses graines : les autres sont toxiques. C'est également à partir du pavot (et plus précisément du pavot blanc) que l'on obtient la morphine. En effet, si on entaille ses fruits, on trouve un liquide épais et blanchâtre qui, une fois transformé, fournit ce puissant analgésique.

Utilisation La meilleure technique pour cuisiner les graines de pavot consiste à les griller légèrement avant de les ajouter aux différentes recettes, sucrées ou salées. On en fait surtout usage dans les produits de boulangerie, qu'il s'agisse de pains, de biscuits, de muffins ou de petits gâteaux. Dans ces différents cas, le mariage avec le jus et l'écorce de citron est un classique. Le pavot a un goût délicat, subtil et légèrement épicé qui peut rappeler celui de la noisette. Son intérêt réside surtout dans sa texture. Les graines grillées sont effectivement très croustillantes et elles croquent sous la dent. On peut cependant les écraser au mortier ou les passer au moulin à café, ce qui aura pour effet d'en faire ressortir les saveurs. Les Indiens les utilisent surtout pour relever leurs nombreuses sauces et marinades.

Propriétés médicinales Le pavot stimule la circulation sanguine et abaisse le taux de mauvais cholestérol dans le sang. Il aide également à calmer les mauvaises toux et à combattre la diarrhée. Comme nous l'avons mentionné précédemment, il est un puissant analgésique, un anesthésiant et même un euphorisant (lorsqu'on le consomme avant qu'il ne parvienne à maturité). Le pavot engendre aussi de fortes dépendances lorsqu'il est utilisé comme narcotique.

Le piment de Cayenne

Capsicum frutescens

Autres noms Poivre de Cayenne, piment oiseau, chili, piment fort, cayenne, pili-pili

Famille Solanacées

Histoire C'est depuis plusieurs millénaires que les communautés autochtones de l'Amérique du Sud cultivent les piments forts. Différentes variétés sont d'ailleurs apparues au fil du temps. Mais c'est au cours des grandes conquêtes (plus précisément à l'époque de Christophe Colomb) que les Européens font connaissance avec le piment de Cayenne. De nos jours, on utilise cette épice partout dans le monde. Sa saveur piquante est une des favorites afin de rehausser les plats. Le piment de Cayenne est d'ailleurs particulièrement apprécié en Asie, où on l'a rapidement adopté et cultivé ; quoique la plante ait une bonne adaptabilité, le climat idéal des régions du sud de l'Asie a favorisé sa culture.

Provenance Caraïbes, Amérique du Sud, et maintenant Asie.

Plante, culture, etc. La plante qui donne le piment de Cayenne est vivace et elle ne produit des fruits (les piments en question) qu'après plusieurs années de vie. Ses feuilles, de taille moyenne, sont vertes et allongées. Ses fleurs sont vertes avec parfois un peu de jaune et elles apparaissent durant l'été (entre les mois de mai et de septembre). Ses fruits sont de petite taille, d'un rouge vif et ont la forme de cerises.

Caractéristiques générales Le plus souvent, ici, nous retrouvons le cayenne sous forme de poudre, d'où son surnom de poivre de Cayenne même s'il s'agit en réalité d'un piment. En effet, lorsque les petits fruits parviennent à maturité, on les cueille, les sèche et les broie afin d'en obtenir une fine mouture. Il peut aussi être utilisé frais ou séché, vert ou parvenu à pleine maturité, cuit ou non, mariné, en purée (ce qui évite alors de devoir manipuler les piments), etc. La saveur variera cependant énormément! Aussi, petite mise en garde : il est préférable de cuisiner le piment de Cayenne avec des gants de latex. Si vous n'en possédez pas, pensez à éviter de vous toucher les yeux au cours des quelques heures qui suivront son utilisation. Il est si fort que même un lavage de mains prolongé ne suffit pas à éliminer complètement sa trace.

Utilisation Un peu comme le fait le poivre, le piment de Cayenne donne du tonus aux différents mets qu'il accompagne en raison de sa saveur piquante. Il doit cependant être utilisé avec retenue parce qu'il est très puissant, infiniment plus que le poivre. L'intensité variera énormément selon que le piment est mûr ou vert, frais ou séché, cru ou cuit, broyé ou non. Par exemple, le piment perdra de sa puissance avec la cuisson. Cependant, il sera à son plein potentiel si vous le choisissez vert et le cuisinez frais et haché finement. Les piments séchés ont pour leur part plus de parfum tout en étant moins piquants. Notez aussi qu'il est préférable d'intégrer les piments en fin de cuisson, puisque ceux-ci deviennent amers lorsqu'ils sont chauffés trop longtemps. On aime à les marier avec des aliments dont la saveur est moins prononcée, comme la volaille ou encore les œufs. Mais ils conviennent tout aussi bien aux currys et aux plats de viande mijotée. On en intègre aussi parfois aux recettes à base de chocolat. Les mets asiatiques et mexicains en contiennent souvent, de même que les sauces relevées que l'on retrouve sur les tablettes des supermarchés.

Propriétés médicinales Le piment de Cayenne aide à tolérer la chaleur (il provoque une légère transpiration) de même que la douleur. Il favorise la digestion (empêchant, entre autres, les ballonnements), la circulation et stimule le métabolisme de manière générale. Il aide généralement en cas de constipation. On dit aussi qu'il combat les bactéries.

Le piment de la Jamaïque `Pimenta dioica`

Autres noms Poivre de la Jamaïque, poivre aromatique, toute-épice, quatre-épices (puisque les piments de la Jamaïque, très parfumés, rappellent plusieurs arômes à la fois, comme ceux de la cannelle, du clou de girofle et de la muscade, mais avec des notes sucrées), piment-giroflé, poivre-giroflé, piment des Anglais

Famille Myrtacées

Histoire C'est Christophe Colomb qui ramène le piment de la Jamaïque en Europe, à la suite de son premier voyage en Amérique. On l'utilisait toutefois depuis longtemps dans les Caraïbes et en Amérique latine. On dit que les Aztèques l'intégraient à leurs boissons cacaotées et que les Mayas s'en servaient lors de certains rituels, dont celui de l'embaumement de leurs morts. Son nom *allspice* (« toute-épice », en français) provient d'un botaniste britannique nommé John Ray qui avait décrit ladite épice comme possédant des saveurs mariant la cannelle, la muscade et le clou de girofle.

Provenance Jamaïque (qui reste à ce jour le plus gros producteur), mais aussi ailleurs dans les Caraïbes, de même que l'Amérique latine.

Plante, culture, etc. Le piment de la Jamaïque provient d'un arbre tropical d'environ 10 m. Celui-ci possède des feuilles persistantes, de forme allongée et pointue, et d'un vert lustré. D'elles émanent des arômes très parfumés, pimentés et sucrés, un peu comme ceux du clou de girofle. Ce sont les fruits que l'on consomme surtout. Il s'agit de baies de petite taille et de forme arrondie. Lorsque parvenue à maturité, chacune d'entre elles contient deux graines noires. On les récolte cependant avant qu'elles atteignent une maturité complète, puisque c'est à ce moment qu'elles détiennent leur plein pouvoir aromatique. On soumet ensuite les baies à un séchage. C'est alors qu'elles obtiennent leur couleur foncée (marron tirant un peu sur le rouge) et qu'elles rétrécissent légèrement. Elles restent toutefois d'une taille supérieure à celle des grains de poivre noir. La première récolte des baies ne s'exécute qu'à partir de la huitième année de vie de la plante femelle (la seule à produire des fruits).

Caractéristiques générales Les feuilles de la plante peuvent également servir, entre autres, à des fins médicinales. Il est possible de les infuser fraîches ou séchées. L'infusion, épicée et très aromatique, est un excellent stimulant naturel. Les graines (ou les baies séchées) peuvent être achetées dans à peu près toutes les épiceries, soit entières ou déjà moulues. Comme dans le cas des autres épices, il est recommandé de se les procurer entières et de les broyer soi-même au mortier. Elles offriront ainsi un maximum de saveurs.

Utilisation Les baies, tout comme les feuilles, peuvent être utilisées en cuisine. Les Antillais font d'ailleurs bon usage des feuilles (quoiqu'ils utilisent également les baies). Les peuples de l'Europe du Nord sont, quant à eux, fervents des graines de piment de la Jamaïque. Ils les intègrent à toutes sortes de recettes sucrées (comme les biscuits et les gâteaux), à des boissons chaudes et même à leurs pâtés à la viande. Les graines conviennent donc tout aussi bien aux mets salés. Elles peuvent par exemple être intégrées à toutes sortes de préparations (comme les sauces ou les marinades) qui accompagnent les viandes et les poissons. Elles se marient aussi parfaitement à certains légumes comme la betterave et le chou. Leur parfum rappelle celui du clou de girofle, mais leur saveur est plus complexe, poivrée et même un peu piquante (d'où les noms de « poivre » et de « piment » qu'on leur attribue) tout en conservant un côté sucré. Le piment de la Jamaïque est très réconfortant. Il entre aussi dans la composition de certains spiritueux.

Propriétés médicinales Le piment de la Jamaïque stimule le métabolisme en entier et tonifie le système nerveux. On lui confère des propriétés digestives comme celles d'apaiser les lourdeurs d'estomacs, les ballonnements intestinaux de même que les selles liquides. On le dit aussi antiseptique. Quelques gouttes d'huile essentielle de poivre de la Jamaïque, diluées dans de l'huile d'amande douce, peuvent également soulager les douleurs musculaires.

Le poivre *Piper nigrum*

Autres noms Le poivre ne semble pas posséder de véritables surnoms. Il en existe toutefois quelques variétés, par exemple, le poivre long (*Piper longum*) et le cubèbe (*Piper cubeba*), lesquelles appartiennent évidemment à la même famille botanique des pipéracées. Il ne sera toutefois question ici que du *Piper nigrum*, qui renferme les poivres noir (que l'on peut aussi appeler poivre gris lorsqu'il est moulu), vert, blanc et rouge, variétés que l'on obtient selon le stade de la cueillette et la transformation subie par les grains.

Famille Pipéracées

Histoire Le poivre est une épice dont on fait usage depuis très longtemps et qui a fortement marqué l'histoire. C'est par les conquêtes d'Alexandre le Grand que les Européens font connaissance avec le poivre. Ceux-ci l'ont apprécié et l'ont rapidement adopté. Bien que le poivre soit devenu aujourd'hui une épice des plus banale, elle était, à une certaine époque, symbole d'exotisme et de luxe. En effet, pendant longtemps, ce sont les Arabes qui ont assuré son commerce. Ceux-ci s'approvisionnaient directement à la source (qui était d'ailleurs un secret bien gardé), la rapportaient en Europe et exigeaient de lourdes taxes au moment de la revente. C'est donc pour briser leur monopole et afin de rendre son prix plus accessible que les grandes puissances européennes du XVe et du XVIe siècles se sont fait la guerre. De nos jours, quoique le poivre soit encore largement utilisé (certainement, l'une des épices les plus utilisées en cuisine en raison de sa polyvalence et de son bas prix), il a malheureusement perdu son parfum d'exotisme et son aura mythique.

Provenance Le poivre est originaire de l'Inde et de l'Indonésie, mais le Sri Lanka, la Chine, la Malaisie, la Thaïlande, le Vietnam, Madagascar et le Brésil en produisent également.

Plante, culture, etc. Le poivrier est un arbrisseau tropical. Assez capricieux, il ne supporte que les climats très chauds et humides. Ce sont sur des lianes grimpantes, qui peuvent atteindre les 6 m, que les baies se forment. Leur couleur change à mesure qu'elles gagnent en maturité : d'abord vertes, pour ensuite tourner au rouge, puis au noir. Les grains blancs s'obtiennent quant à eux à partir de fruits parvenus complètement à maturité, macérés dans de l'eau salée. Les feuilles du poivrier sont fermes, d'un vert sombre et de forme elliptique, pointue à l'extrémité. Les fleurs sont blanches et de petite taille. Elles apparaissent au cœur de l'été.

Caractéristiques générales On peut trouver le poivre sous différentes formes, entier ou déjà moulu, et de couleurs variées. Il est évidemment tout indiqué de se le procurer en grains entiers et de les mettre dans une poivrière qui se chargera de les moudre selon la quantité désirée. De cette manière, vous aurez accès à toutes les saveurs du poivre et non seulement à son côté piquant. On retrouve aussi toute une gamme de poivres aromatisés (comme, par exemple, du poivre de céleri). Un essai peut se révéler une découverte intéressante, puisqu'ils sauront parfumer, chacun à leur façon, vos plats préférés.

Utilisation Chaque couleur de poivre a sa personnalité propre. Le poivre vert est le fruit de baies qui ne sont pas parvenues à maturité. Son goût est frais et épicé… et bien sûr, un peu piquant. Le poivre noir est le plus puissant. On l'obtient à partir de fruits qui ont entamé leur maturation et qui ont été séchés (d'où leur couleur). Le poivre rouge est lui aussi très puissant, mais il est légèrement plus parfumé puisqu'il provient de baies parvenues à pleine maturité. Le poivre blanc, quant à lui, est le résultat d'un trempage dans de l'eau salée, mais sa saveur reste toutefois puissante. On l'utilise généralement pour rehausser des préparations de couleur pâle (le meilleur exemple étant la sauce béchamel) afin de ne pas altérer leur homogénéité.

Le poivre est probablement l'épice la plus polyvalente qui soit. On l'utilise à toutes les sauces, qu'il s'agisse de plats à base de viandes, de volailles, de poissons et de crustacés, de légumes, etc.

En fait, on cuisine rarement sans en ajouter une touche finale. On l'associe même parfois à des préparations sucrées, qu'il s'agisse de desserts ou de boisson (par exemple, le délicieux thé chai indien, dont la recette se trouve à la p. 83).

Propriétés médicinales Le poivre favorise une bonne circulation sanguine et tonifie l'organisme. Il est antibactérien et on affirme qu'il encourage le corps à brûler ses graisses. Il purifie également le système digestif et aide à expulser les gaz intestinaux. On lui connaît aussi des propriétés échauffantes.

Le raifort *Armoracia rusticana*

Autres noms Raifort sauvage, grand raifort, moutarde des Allemands, moutarde des capucins, moutardelle, radis de cheval, cran, cranson

Famille Crucifères

Histoire L'utilisation du raifort daterait de l'Antiquité, plus précisément, de l'Empire romain. En effet, ce serait les Romains qui auraient amorcé sa culture. Plus tard, ce sont les Britanniques, les Allemands de même que les peuples de l'Europe du Nord qui ont succombé à son goût particulier et très piquant.

Provenance France (principalement en Alsace), de même qu'Angleterre, Allemagne et Europe de l'Est. On en trouve de nos jours un peu partout sur la planète, mais surtout dans certaines régions de l'Asie de même qu'en Amérique du Nord.

Plante, culture, etc. Le raifort provient d'une plante herbacée vivace, dont la taille fait plus ou moins 60 cm et dont les feuilles sont très grandes. Cette plante produit de grandes fleurs blanches à partir de sa deuxième année de vie. Elle possède aussi de grosses et longues racines robustes. Celles-ci sont brunes à l'extérieur et beige clair à l'intérieur. On fait leur récolte soit à l'automne, soit au printemps. Elles possèdent une saveur très marquée, à la fois fraîche et mordante.

Caractéristiques générales À cause de sa forte saveur, on mélange parfois le raifort avec le wasabi. Ils font effectivement partie de la même famille botanique et peuvent être interchangés dans plusieurs recettes. Lorsque l'on achète le raifort, on privilégiera les racines plus petites et bien fermes. Celles-ci ont meilleur goût.

Utilisation Le raifort a un goût très prononcé qui s'apparente à celui de la moutarde. D'ailleurs, tout comme elle, on l'utilise comme condiment. Comme dans le cas du gingembre et du curcuma, c'est la racine que l'on consomme. On l'apprête généralement de la même façon que le gingembre, c'est-à-dire qu'on le pèle pour ensuite le râper et l'intégrer à différentes préparations. Le raifort sait rehausser les plats mijotés à base de viande. On le mariait anciennement aux viandes grasses puisqu'il en facilitait la digestion. Il s'agence aussi très bien à certains aliments plus fades comme la pomme de terre et le poisson. Il donne également une touche piquante aux sauces et aux mayonnaises (dans lesquelles il peut remplacer la moutarde). Les feuilles sont parfois utilisées. Elles parfument les plats de la même manière, mais en masquent moins les saveurs. Elles sont particulièrement appréciées dans les salades.

Propriétés médicinales Le raifort active tout le métabolisme : il stimule l'appétit et favorise une bonne digestion, tout en assurant une bonne circulation sanguine. On vante ses vertus antiseptiques et antitussives. En usage externe, il soulage les douleurs articulaires, les piqûres d'insectes et les troubles des voies respiratoires (tout comme le font les cataplasmes de moutarde). Certains affirment qu'il aiderait aussi à soulager les maux de tête.

La réglisse *Glycyrrhiza glabra*

Autres noms Réglisse glabre, bois sucré, bois doux, racine bonne et racine douce

Famille Papilionacées (aussi appelée fabacées)

Histoire La réglisse est récoltée en Europe depuis l'Antiquité : les athlètes se servaient apparemment de ses vertus tonifiantes. Avant eux, les Égyptiens l'utilisaient entre autres lors de leurs rituels funèbres, puisque l'on en a retrouvé dans plusieurs lieux de sépulture. Ils en usaient vraisemblablement aussi afin de soigner des problèmes liés aux voies respiratoires.

Provenance Asie (plus spécifiquement la Chine) et sud de l'Europe.

Plante, culture, etc. La réglisse est une herbe vivace qui peut atteindre les 2 m. C'est sa racine que l'on utilise en cuisine de même qu'à des fins médicinales. Celle-ci est de taille imposante, de couleur marron et sillonnée. C'est à l'automne qu'on les déterre. Les feuilles de réglisse aussi sont de grande taille (de 7 à 15 cm). La plante possède aussi des fleurs de couleur violette et disposées en inflorescence, de même que des gousses (les fruits), lesquelles renferment les graines.

Caractéristiques générales On peut trouver de petits morceaux de rhizome de réglisse dans certains marchés ou magasins d'aliments fins. On peut aussi la rencontrer sous forme de sirop. On obtient cet édulcorant en faisant bouillir les racines et en filtrant la préparation épaisse et d'une couleur assez foncée.

Utilisation La réglisse possède des saveurs douces, voire sucrées, avec une pointe d'amertume, saveurs qui s'apparentent à celles de l'anis. En cuisine, on s'en sert afin de parfumer différents desserts, surtout lorsque ceux-ci contiennent déjà du miel ou du cacao, lesquels elle complète à merveille. On en use également pour fabriquer des produits de confiserie, de même que pour parfumer certains spiritueux. La bière Guinness (une stout irlandaise très appréciée de par le monde) la compte parmi ses ingrédients, tout comme certaines ales et certains porters.

Propriétés médicinales On reconnaît à la réglisse des vertus tonifiantes, analgésiques et anti-inflammatoires. Elle détient aussi des propriétés expectorantes et adoucissantes pour l'estomac, mais aussi pour la gorge. En effet, elle est recommandée pour contrer les irritations et aider à se débarrasser du mucus lors d'une infection de la gorge. On la consomme également pour diminuer les symptômes prémenstruels. La réglisse entre aussi dans la composition de plusieurs tisanes qui comptent non seulement sur ses douces saveurs, mais aussi sur ses propriétés apaisantes et diurétiques. Elle aiderait à régulariser le taux de glucide dans le sang.

Le safran *Crocus sativus*

Autres noms Or rouge, safran cultivé

Famille Iridacées

Histoire C'est le commerce des Arabes qui a apporté cette jolie épice filamenteuse en Europe. Elle était à l'époque, et est toujours, synonyme de luxe. Le safran est aussi une des rares épices à conserver, encore aujourd'hui, son halo exotique et son caractère rare, précieux.

Provenance Le Moyen-Orient et la côte est de la Méditerranée, mais il est maintenant cultivé principalement en Iran (où l'on dit que l'on trouve le safran de la meilleure qualité), en Chine, en Espagne, en Grèce, en Turquie et dans le nord de l'Inde.

Plante, culture, etc. Le safran est tiré d'une fleur vivace, de couleur mauve, et appartenant à la famille des iridacées (voir p. 134). Cette fleur mesure généralement autour de 8 cm et fleurit durant les mois de septembre et d'octobre. Elle est munie de trois pistils de couleur rouge-orangé. Ce sont justement ces pistils (ces longs et délicats filaments) qui font office d'épice ou parfois de colorant alimentaire (il confère une jolie couleur jaune aux aliments). Le *Crocus sativus* ne fleurit qu'après plusieurs années de vie et la cueillette s'effectue avant que les fleurs ne soient pleinement épanouies.

Caractéristiques générales Le safran est l'épice la plus coûteuse au monde, d'où elle tire son surnom d'« or rouge ». La raison en est simple : 150 000 fleurs sont nécessaires pour amasser un kilogramme de safran. D'ailleurs, une fois déshydratés, les stigmates se départissent d'environ 80 % de leur masse. Le goût délicat du safran est très prisé, mais il faut cependant faire attention au produit que l'on achète. Certains safrans sont de piètre qualité, mais sont en apparence identiques au « vrai safran ». Résultat : les non-initiés en paieront le gros prix, sans toutefois avoir droit à toute la finesse de ses saveurs.

Utilisation La saveur du safran est mielleuse, mais avec des notes légèrement amères et terreuses (certains diront même « métalliques »). On l'utilise beaucoup dans les cuisines de l'Asie et du Moyen-Orient. En effet, on en intègre de petites pincées dans les plats à base de viande mijotée, de fruits de mer, de riz (comme la paella, en Espagne), de currys et dans les soupes (par exemple, la bouillabaisse, en France). On en ajoute également dans certaines liqueurs de même que dans les desserts, les pâtisseries et les produits de confiserie. Souvent, quelques pistils seulement servent à parfumer tout un plat. De même, il est à noter qu'il est préférable de l'ajouter en fin de cuisson afin d'en conserver au maximum les saveurs. Pour ces mêmes raisons, il vaut également mieux utiliser les filaments que le safran déjà réduit en fine poudre.

Propriétés médicinales Le safran peut être utilisé, en usage externe, afin de contrer certains problèmes cutanés légers. Il est une bonne source d'antioxydants et on le dit aphrodisiaque depuis toujours. On affirme aussi que le safran agit sur l'émotivité, qu'il aiderait à combattre les mauvaises humeurs, les périodes de mélancolie et même la dépression. Il peut donc être intéressant d'en consommer en périodes de stress ou de dépression.

Le sel

Autres noms Sel alimentaire, sel de table, sel de cuisine

Histoire Il est à croire que l'utilisation du sel remonte à la préhistoire. Les premiers hommes s'en servaient apparemment afin d'agrémenter leur nourriture, mais aussi (et déjà !) de la conserver. Une « route du sel » est d'ailleurs tracée dès l'Antiquité. Les Romains, du temps de leur Empire, en détenaient le monopole.

Provenance Les marais salants comme Bonneville (États-Unis), Guérande (France), ou les mines de sel comme Wieliczka (Pologne), Bex (Suisse) et Varangéville (France), mais aussi plusieurs autres villes d'Hawaii, du Royaume-Uni, de l'Australie, etc.

Caractéristiques générales Le sel n'est pas une épice proprement dite, puisqu'il ne provient pas d'une plante. C'est un minéral qui est constitué de sodium et de chlore. Mais il est sans l'ombre d'un doute l'aromate le plus utilisé de par le monde et pour cette raison, nous croyons qu'il est à propos de lui consacrer ces quelques lignes.

Utilisation On retrouve sur le marché du sel naturel (c'est-à-dire du sel de mer et de la fleur de sel, qui n'ont pas été raffinés et donc, qui contiennent encore tous leurs minéraux) et du sel raffiné (c'est d'ailleurs ce procédé qui lui confère sa couleur d'un blanc très net). La saveur du premier peut varier en fonction des minéraux qu'il renferme, mais également de la région d'où il provient. De même, on peut se le procurer sous différents aspects, soit du gros sel, de la fleur de sel, ou du sel fin, selon l'usage que l'on souhaite en faire. On le marie parfois à d'autres épices et aromates (céleri, oignon, ail, etc.), de manière à le parfumer. On utilise le sel en abondance ; il est d'ailleurs presque impossible d'imaginer nos recettes préférées sans lui, qu'il s'agisse de plats de viande, de poisson, de légumes, etc. Fait intéressant : le sel est non seulement une saveur primaire (le goût salé est nommé ainsi en son nom), mais il en modifie les autres. Il rehausse la saveur de tous les aliments. En cuisine, on utilise non seulement le sel comme aromate, mais également comme conservateur. Vous n'avez qu'à penser à tous les poissons, les charcuteries, les marinades que l'on garde longuement à l'aide du sel. Il est finalement aussi utilisé comme produit industriel, c'est-à-dire qu'il entre dans la confection de différents textiles, détergents, savons, etc. Et que seraient nos routes sans sa présence l'hiver ?

Propriétés médicinales Contrairement aux croyances, le sel procure plusieurs bienfaits. Il permet d'ailleurs de conserver l'eau dans les tissus et ainsi, d'éviter la déshydratation. Le fluor qu'il recèle permet, quant à lui, de rendre les dents et les os plus résistants. Il doit cependant être consommé avec modération, sans quoi il peut entraîner de l'hypertension, de l'insuffisance rénale et être à l'origine de certaines maladies cardiovasculaires.

Le sésame *Sesamum indicum*

Famille Pédaliacées

Histoire On cultive le *Sesamum indicum* depuis fort longtemps. On affirme que le sésame était utilisé par les athlètes et les soldats de l'Antiquité afin de se donner de l'énergie. Puis, au tout début de notre ère, il était cultivé par les Italiens, à qui on doit d'ailleurs l'habitude de saupoudrer des graines de sésame sur certains pains (dont les fameux pains hamburger).

Provenance Le sésame trouve son origine en Inde ou en Afrique (on ne sait pas avec précision), mais on le cultive de nos jours en Chine, en Inde, en Birmanie, au Mexique, au Guatemala et dans une foule d'autres pays à travers le monde.

Plante, culture, etc. Le *Sesamum indicum* est une très jolie plante annuelle qui mesure parfois jusqu'à 2 m. Elle possède des fleurs blanches (que l'on peut retrouver par groupe de deux ou de trois sur la même tige), ayant la forme d'une cloche, et aux pétales longs et duveteux. Les fruits (des gousses) que la plante produit exploseront s'ils ne sont pas recueillis. Les feuilles sont de grande taille et elles sont alternées sur la tige. C'est dans ses fruits que l'on retrouve les graines de sésame, que l'on reconnaît facilement à leur renflement. Celles-ci sont recueillies avant qu'elles ne parviennent à pleine maturité. Pour ce faire, on dispose les fruits au soleil un moment avant de les secouer vivement.

Caractéristiques générales Les Asiatiques penchent bien souvent pour les graines noires, tandis que l'on consomme davantage les claires (on dit aussi blanches) dans le reste du monde. Ces dernières ont une saveur plus fine que les autres. On cuisine également avec l'huile de sésame, laquelle a un goût qui se rapproche de celui de certaines noix.

Utilisation Les graines de sésame n'ont pas d'odeur, mais elles ont un goût léger et sucré de noisette. Ce goût est évidemment plus relevé lorsque l'on grille les graines. Leur utilisation est plus importante dans les continents asiatique et africain, de même qu'en bordure de la mer Méditerranée. Dans ces régions, on les grille, on les cuit, on les consomme entières ou moulues. Elles accompagnent merveilleusement les sautés de légumes, de même que les plats de bœuf et de volaille. Les viandes et les poulets en sauce aigre-douce saupoudrés de graines de sésame ne sont-il pas des classiques de la cuisine asiatique ? En Afrique du Nord et à l'est du bassin méditerranéen, on prépare du tahini (du beurre de sésame), lequel entre dans la préparation des houmous. On peut également se servir du tahini comme épaississant (pour les sauces par exemple). Les graines de sésame sont aussi très prisées dans la préparation des desserts et des sucreries. On les marie d'ailleurs souvent au miel.

Propriétés médicinales En médecine douce, on utilise non seulement les graines de sésame (qu'il vaut alors mieux broyer afin de les absorber davantage), mais aussi les feuilles de la plante, qui sont utilisées en infusion ou en décoction. On dit du sésame qu'il est nutritif, tonifiant et que c'est un laxatif léger. On dit aussi qu'il apaise les irritations des muqueuses, qu'il fortifie les cheveux et améliore l'apparence générale de la peau. C'est également une excellente source d'antioxydants !

La vanille *Vanilla planifolia*

Autre nom Vanille bourbon

Famille Orchidacées

Histoire Les peuples autochtones de l'Amérique centrale en faisaient usage, il y a longtemps, afin d'agrémenter leurs boissons cacaotées. Ils considéraient d'ailleurs cette gousse au goût fort agréable comme un puissant aphrodisiaque. C'est au moment des conquêtes espagnoles que la vanille atteint l'Europe. On a par la suite combattu pour elle, comme pour d'autres épices tels le poivre et la cannelle.

Provenance Elle trouve son berceau au Mexique, mais Madagascar, l'île de la Réunion et l'Indonésie en produisent maintenant abondamment.

Plante, culture, etc. La vanille est en fait la gousse de certaines orchidées grimpantes, les seules à être cultivées à des fins alimentaires et non esthétiques. Elles grimpent le long de certains arbres et leurs lianes peuvent atteindre jusqu'à 10 m. Le *Vanilla planifolia* ne produit cependant des fleurs, qui poussent par grappes, qu'à partir de sa troisième année de vie. Fait intéressant, ce sont les abeilles qui s'occupent de la pollinisation (cela a d'ailleurs posé problème lorsque l'on a voulu acclimater les orchidées à d'autres terres). Sans elles, nous n'aurions pas droit à nos petites douceurs. Les gousses de vanille poussent à la base des pétales de ces fleurs, d'un vert très clair. On les recueille alors qu'elles amorcent leur maturation, puis on les bout et les sèche. C'est d'ailleurs grâce à ces deux procédés que la gousse acquiert sa jolie couleur d'ébène. Puis, elle entreprend un long processus de séchage qui variera entre deux et six semaines, après quoi on les laisse reposer pour plusieurs mois dans de grandes malles en bois. C'est alors seulement que la vanille développe ses arômes et ses saveurs. Les gousses seront à ce moment prêtes à être exportées. Les plus belles gousses seront vendues en entier alors que les autres serviront à la préparation d'essences et de sirops divers.

Caractéristiques générales La vanille est l'épice la plus coûteuse, juste après le safran. Son coût et son caractère précieux proviennent certainement du fait que la fleur à l'origine de la gousse que l'on consomme est très éphémère.

Utilisation On trouve des essences synthétiques de vanille en abondance sur le marché, mais celles-ci n'ont rien à voir avec le goût sucré et très parfumé de la « vraie gousse de vanille ». Celle-ci est cependant moins simple d'utilisation que les essences, mais l'effort en vaut largement la chandelle. Pour en obtenir les douces saveurs, il faut fendre une gousse sur le sens de la longueur afin d'en retirer, à l'aide de la pointe d'un couteau, les graines de même que la pulpe, lesquelles on dépose dans un liquide chaud (voir p. 135). La vanille est une des épices les plus connues et utilisées en cuisine. Elle sert surtout à la préparation de desserts. On la retrouve dans la crème glacée, la crème brûlée, la crème anglaise… Bref, elle complémente bien la douceur et la fraîcheur de la crème ! On la compte en fait dans presque toutes les recettes sucrées, qu'il s'agisse de gâteaux, de muffins, de biscuits ou de pâtisseries. Elle se marie bien avec le chocolat, le citron, les fruits d'automne et une foule d'autres aliments. La vanille agrémente aussi des boissons chaudes de même que certains cocktails. Son utilisation dans les plats salés est moins répandue, mais elle est tout aussi souhaitable, surtout lorsqu'il s'agit de compléter des saveurs délicates comme celles du poisson et des fruits de mer. On utilise aussi la vanille dans l'industrie de la parfumerie.

Propriétés médicinales La vanille est réputée pour être aphrodisiaque, de même que pour alléger et apaiser les humeurs. Mais sachez qu'elle peut aussi stimuler l'appétit et la digestion, et qu'elle est un antiseptique et une source d'antioxydants.

Le wasabi *Wasabia japonica*

Autres noms Raifort japonais, raifort vert

Famille Crucifères

Histoire Le wasabi est utilisé au Japon pour ses vertus médicinales depuis le Xe siècle. De nos jours, il est toujours utilisé, mais davantage comme aromate. Il fait également partie intégrante de l'imaginaire collectif des Japonais. Par exemple, on aime à rapporter qu'un elfe prénommé Oni adore manger des sushis, lesquels il accompagne de wasabi et de sauce soya.

Provenance Japon, mais maintenant cultivé dans d'autres pays d'Asie, de même qu'en Nouvelle-Zélande, en Australie... et même aux États-Unis.

Plante, culture, etc. La plante qui produit le wasabi (le *Wasabia japonica*) pousse généralement près des marécages ou des ruisseaux. Elle fait normalement entre 20 et 30 cm de hauteur et ses feuilles, de très grande taille, poussent le long de tiges pouvant atteindre 50 cm. Les fleurs, quant à elles, sont petites et poussent en grappes. C'est la racine (ou rhizome) de la plante que l'on consomme, comme dans le cas du raifort. On l'apprête généralement broyée, en condiment (on la considère d'ailleurs comme étant à la jonction des épices et des condiments).

Caractéristiques générales Depuis la montée de la popularité des sushis en Amérique du Nord, on retrouve le wasabi dans n'importe quel marché d'alimentation à grande surface. On se le procure généralement en petit tube, près des sushis dans les rayons des plats préparés, ou encore dans la section des produits asiatiques. On peut aussi le retrouver sous forme de poudre.

Utilisation On peut varier nos recettes en alternant le wasabi avec la moutarde et le raifort. Sa saveur, très piquante aux notes végétales, rappelle effectivement celle du raifort (d'où son surnom de « raifort japonais »). On le connaît pour accompagner les plats de poisson cru, mais le wasabi peut aussi très bien relever des purées de légumes doux ou sucrés, des recettes de nouilles asiatiques, de riz, de même que des sauces à base de yogourt, par exemple.

Propriétés médicinales Le wasabi éloignerait certains types de cancers comme celui de l'estomac. Il peut être utile en cas d'intoxication alimentaire. Il doit cependant être consommé avec modération puisqu'il liquéfie le sang.

Les **recettes**

Cuisine du monde

Thé chai (Inde)

Préparation : 5 min Cuisson : 10 min

Ingrédients **(500 ml (2 tasses))**

250 ml (1 tasse) d'eau froide

250 ml (1 tasse) de lait

10 ml (2 c. à thé) de thé noir corsé
(il n'est pas nécessaire de privilégier un thé noir
de qualité puisque celui-ci sera aromatisé)

10 ml (2 c. à thé) de sucre

Épices : cannelle, cardamome, gingembre,
clous de girofle, grains de poivre noir, etc.

Préparation

1. Faire une décoction avec les feuilles de thé, c'est-à-dire les **plonger** dans une casserole avec l'eau froide, **porter** à ébullition et **laisser mijoter** environ 5 minutes. **2.** Après ce temps, **ajouter** les épices au goût, le sucre et le lait. Puis, **porter** de nouveau à ébullition. **3. Retirer** du feu, **poser** le couvercle sur la casserole et **laisser** le tout **reposer** quelques minutes. **4. Passer** l'infusion au tamis pour en retirer les feuilles de thé et les épices (si entières). **Déguster**.

Boulettes de viande au curcuma
(cuisine juive marocaine)

Préparation: 20 min **Cuisson:** 25 min

Cette recette, une fois froide, s'apprête très bien en sandwich. Il ne s'agit que d'écraser quelques boulettes sur du pain, d'y ajouter des haricots, et voilà pour le lunch du lendemain!

Ingrédients   (6 portions)

800 g (1 ³/₄ lb) de bœuf haché

6 petits oignons

180 ml (³/₄ tasse) de persil haché

1 ¹/₂ tranche de pain

1 sac de haricots verts entiers congelés (750 g ou 1 ³/₄ lb)

5 à 10 ml (1 à 2 c. à thé) de poudre de curcuma

Sel et poivre blanc au goût

Huile de canola (pour la cuisson)

Préparation

1. Faire tremper le pain dans un bol d'eau. **Hacher** deux petits oignons très finement et incorporer à la viande. **Ajouter** le persil. **Essorer** et **déchiqueter** le pain, l'**ajouter** au mélange. **Saler** au goût. **2.** Dans une grande marmite, **verser** un bon fond d'huile. **Couper** le reste des oignons en gros dés et **éparpiller** dans le fond. **Saler**, **poivrer** et **recouvrir** de curcuma sans se gêner. **Ajouter** les haricots verts encore congelés et **bien mélanger**. **Faire mijoter** à feu doux-moyen avec le couvercle pendant 5 à 10 minutes. **3. Enlever** le couvercle. Une à une, faire les boulettes à partir de la viande et les **placer** délicatement sur les haricots. **Remettre** le couvercle et **augmenter** le feu à moyen-fort jusqu'à ce que la viande change de couleur. Entre-temps, **ajouter** de l'eau au besoin, **tourner** les boulettes à l'aide de pinces et bien **brasser** la marmite afin de les enfoncer dans le bouillon. **4.** Lorsque les boulettes ont bruni (qu'elles sont bien dorées), **retirer** le couvercle et **laisser cuire** jusqu'à ce que le bouillon ait une consistance huileuse. **Savourer** avec un bon pain.

 # Soupe au poulet et à la citronnelle
(Asie)

Préparation: 30 min Cuisson: 30 min

Ingrédients   (4 portions)

2 poitrines de poulet

1 l (4 tasses) de bouillon de poulet

2 tiges de citronnelle (la partie blanche seulement)

1 ou **2** piments forts (selon votre tolérance et la sorte de piment)

Le jus de **2** limes

30 ml (2 c. à soupe) de nuoc-mâm (ou sauce au poisson)

30 ml (2 c. à soupe) de coriandre fraîche

Sel et poivre au goût

Un peu d'huile pour la cuisson

Préparation

1. Couper les poitrines de poulet en de fines lamelles. **Saler** et **poivrer** au goût. **2.** Dans une poêle antiadhésive, **faire revenir** le poulet dans un filet d'huile. **Réserver**. **3.** Pendant ce temps, dans une casserole, **porter** le bouillon de poulet à ébullition. **Hacher** finement la citronnelle et l'**ajouter** au bouillon, de même que les fines lamelles de poulet. **Laisser mijoter** de 20 à 25 minutes. **4.** En attendant, **hacher** finement le ou les piments, **presser** le jus des deux limes et **couper** grossièrement les feuilles de coriandre. **5. Éteindre** la source de chaleur, mais y **laisser** la casserole. **Ajouter** les derniers ingrédients au bouillon pour terminer la cuisson (environ 5 à 10 minutes). **Servir** très chaud.

Poulet au beurre (Inde)

Voir photo p. 138.

Préparation: 10 min Cuisson: 10 min

Ingrédients (4 portions)

2 grosses poitrines de poulet

30 ml (2 c. à soupe) d'huile de canola

125 ml (½ tasse) de beurre

2 oignons hachés finement

2 ml (½ c. à thé) de cannelle en poudre

4 gousses d'ail pressées

10 ml (2 c. à thé) de gingembre frais râpé

5 ml (1 c. à thé) de curcuma en poudre

10 ml (2 c. à thé) de poudre de chili

60 ml (¼ tasse) d'amandes moulues

500 ml (2 tasses) de tomates en dés

30 ml (2 c. à soupe) de pâte de tomate

45 ml (3 c. à soupe) de yogourt nature

30 ml (2 c. à soupe) de cassonade ou de sucre blanc

Sel et poivre au goût

Préparation

1. Couper les poitrines de poulet en fines languettes. **Assaisonner** de sel et de poivre. Dans un grand poêlon, **faire revenir** jusqu'à ce que le poulet soit bien cuit. **Réserver**.
2. Dans le même poêlon, **faire fondre** le beurre. **Faire revenir** les oignons et la cannelle pendant quelques minutes. **Ajouter** tous les autres ingrédients. **Laisser mijoter** 5 minutes. **Saler** et **poivrer** au goût. **3. Ajouter** le poulet et **laisser cuire** encore 5 minutes. **Servir** avec du riz basmati.

Soupe de lentilles au cari (Inde)

Voir photo p. 139.

Préparation : 20 min + une nuit de trempage pour les lentilles
Cuisson : 45 min

Ingrédients (6 portions)

30 ml (2 c. à soupe) d'huile d'olive

4 carottes de grosseur moyenne

2 grosses branches de céleri

2 oignons

1 pomme verte

15 ml (1 c. à soupe) de gingembre frais râpé

1 grosse gousse d'ail

10 ml (2 c. à thé) de poudre de cari

4 ml ($^3/_4$ c. à thé) de cumin

4 ml ($^3/_4$ c. à thé) de coriandre en poudre

930 ml (3 $^3/_4$ tasses) de bouillon de poulet

500 ml (2 tasses) de lentilles vertes sèches

1 $^1/_4$ l (5 tasses) d'eau

60 ml ($^1/_4$ tasse) de coriandre fraîche, hachée

60 à 75 ml (4 à 5 c. à soupe) de yogourt nature

Sel au goût

Préparation

1. Faire tremper les lentilles toute une nuit. **2.** Dans un gros chaudron, **faire chauffer** l'huile à feu moyen. **Faire sauter** les carottes, le céleri, les oignons et la pomme, préalablement coupés en dés. **Laisser brunir** de 10 à 15 minutes. **3. Ajouter** le gingembre, l'ail, le cari, le cumin et la coriandre en poudre. **Faire cuire** pendant 1 minute. **Rincer** les lentilles pendant ce temps. **4. Ajouter** le bouillon, l'eau et les lentilles rincées. **Porter** à ébullition à feu élevé, puis **baisser** l'intensité du feu, **couvrir** et **laisser mijoter** environ 45 minutes, jusqu'à ce que les lentilles soient tendres. **5. Ajouter** le sel et la coriandre fraîche. **Servir** avec un nuage de yogourt nature.

 # Poivrons farcis (Mexique)

Voir photo p. 141.

Préparation : 25 min **Cuisson :** 30 min

Ingrédients   **(4 portions)**

4 gros poivrons rouges

375 ml (1 ½ tasse) de riz déjà cuit (du riz sauvage idéalement, sinon, n'importe quel riz)

125 ml (½ tasse) de haricots noirs ou rouges déjà cuits (en boîte, par exemple)

125 ml (½ tasse) de grains de maïs

1 grosse tomate coupée en dés

1 petit oignon haché finement

60 ml (¼ tasse) de mozzarella

1 ml (¼ c. à thé) de poudre de chili (ou davantage, au goût)

1 ml (¼ c. à thé) de cumin

Sel et poivre au goût

Préparation

1. Bien **laver** les poivrons, en **couper** la tête et les épépiner. **Blanchir** durant quelques minutes, puis **égoutter**. **Réserver**. **2.** Dans un bol, **mélanger** le riz, les haricots, le maïs, les dés de tomates, l'oignon haché, la poudre de chili et le cumin. **Saler** et **poivrer** au goût. **3. Farcir** les 4 poivrons de la préparation, **déposer** sur une plaque allant au four, puis **enfourner**, à 180 °C (350 °F), durant une vingtaine de minutes. **4. Retirer** les poivrons du four, puis **parsemer** le fromage mozzarella sur chacun d'entre eux pour **enfourner** de nouveau pour une dizaine de minutes. **Sortir** et **servir** immédiatement.

Houmous simple au cumin
(Proche-Orient)

Voir photo p. 142.

Préparation: 5 min

Ingrédients **(environ 500 ml (2 tasses))**

1 boîte de pois chiches (540 ml ou 19 oz)

30 ml (2 c. à soupe) de tahini (beurre de sésame)

3 gousses d'ail

Le jus d'un citron

Huile de canola

1 ml (¼ c. à thé) de cumin

Sel et poivre au goût

Préparation

1. Égoutter et **rincer** les pois chiches et les **verser** dans un robot culinaire. Y **presser** l'ail et **ajouter** le tahini, de même que le jus du citron, le cumin, le sel et le poivre. **2. Verser** de l'huile jusqu'à ce que les pois chiches soient submergés. **3. Mettre** le robot culinaire en marche à faible intensité, puis l'**augmenter** jusqu'à ce que le mélange ait atteint la consistance désirée.

Il est possible de servir l'houmous avec un filet d'huile d'olive et de le parsemer de feuilles de coriandre fraîches.

 # Crevettes à la vanille
(Île de la Réunion)

Préparation: 20 min **Cuisson:** 20 min

Ingrédients **(4 portions)**

20 grosses crevettes fraîches

1 oignon haché finement

180 ml (³/₄ tasse) de crème à cuisson

2 gousses de vanille

Huile pour la cuisson

Sel et poivre au goût

Préparation

1. Décortiquer, **laver** et **égoutter** les crevettes. **2.** Dans une casserole, **verser** un filet d'huile et **faire revenir** l'oignon jusqu'à ce qu'il devienne translucide. **3. Ajouter** les crevettes, le sel et le poivre. **Cuire** légèrement jusqu'à ce qu'elles rosissent. **4.** Pendant ce temps, **porter** la crème, de même que la pulpe et les graines des gousses de vanille, à frémissement. **Laisser chauffer** quelques minutes. **Passer** au tamis et couler sur les crevettes. **Servir** sur un lit de riz.

 # Sauce *mole* (Mexique)

Préparation: 30 min **Cuisson:** 45 min

Ingrédients   (4 portions)

500 ml (2 tasses) de bouillon de poulet

1 oignon haché finement

1 grosse gousse d'ail

1 poivron rouge

125 ml (¹/₂ tasse) d'arachides ou
d'amandes réduites en poudre

45 ml (3 c. à soupe) de cacao

5 ml (1 c. à thé) de cannelle

5 ml (1 c. à thé) de cumin

1 ou 2 grains de piment de la Jamaïque broyés

5 ml (1 c. à thé) de piment de Cayenne

Huile d'olive

Sel et poivre au goût

Préparation

1. Préchauffer le four à 200 °C (400 °F). En attendant, **couper** le poivron rouge et l'**épépiner**. **2.** Le **déposer** de même que la gousse d'ail sur une plaque allant au four avec un filet d'huile d'olive. **Enfourner** sur la grille du haut (environ une quinzaine de minutes). Une fois le poivron grillé, en **retirer** la peau. **3.** Dans un robot culinaire, **déposer** la chair du poivron rouge, la gousse d'ail de même que la poudre de noix. **4. Mélanger** à faible intensité tout en ajoutant le cacao, la cannelle, le cumin, le piment de la Jamaïque et le piment de Cayenne. **Augmenter** l'intensité et **mélanger** jusqu'à l'obtention d'une pâte homogène. **5.** Dans une poêle à bord haut, **déposer** un filet d'huile d'olive et y **faire revenir** l'oignon haché jusqu'à ce qu'il devienne translucide. **Ajouter** la préparation cacaotée de même que le bouillon de poulet. **Saler** et **poivrer** au goût. **6. Cuire** la sauce jusqu'à ce qu'elle ait réduit de moitié environ.

La sauce mole *accompagne très bien les volailles.*

 # Poulet à la créole (Haïti)

Préparation: 45 min Cuisson: 35-40 min

Ingrédients   (6 portions)

1 poulet entier défait en morceaux

1 gros oignon

2 gousses d'ail

2 tomates

1 boîte de crème de coco

250 ml (1 tasse) de bouillon de poulet

250 ml (1 tasse) de vin blanc

5 ml (1 c. à thé) de cari

5 ml (1 c. à thé) de paprika

5 ml (1 c. à thé) de safran

Un peu d'huile d'olive pour la cuisson

Sel et poivre au goût

Préparation

1. Blanchir les tomates et en **retirer** la peau. Les **épépiner** et les **couper** en gros morceaux. **Réserver. 2. Hacher** les oignons grossièrement et **presser** les gousses d'ail. **Réserver. 3.** Dans une grande casserole, **faire chauffer** l'huile à feu vif et **faire revenir** les morceaux de poulet, avec du sel et du poivre, jusqu'à ce qu'ils soient dorés (environ 5 minutes). **4. Baisser** un peu le feu et **ajouter** les tomates, l'oignon et l'ail. Bien **mélanger. 5. Ajouter** le cari, le paprika et le safran de même que le vin blanc et le bouillon de poulet. **Cuire** environ 25 minutes ou jusqu'à ce que la chair du poulet se détache facilement des os. **6. Ajouter** la crème de coco et **poursuivre** la cuisson quelques minutes. **Rectifier** l'assaisonnement au besoin. **Servir** sur un lit de riz.

Rougail chevrettes — Crevettes épicées
(Île de la Réunion)

Préparation : 30 min Cuisson : 25-30 min

Ingrédients

(4 portions)

800 g de crevettes fraîches

2-3 oignons

5 grosses tomates

45 à **60 ml** (3 à 4 c. à soupe) de gingembre frais haché

1 bonne pincée de piment de Cayenne

1 branche de thym frais

Huile d'olive pour la cuisson

Sel

Préparation

1. Décortiquer les crevettes, les **laver** et les **laisser égoutter**. **2. Hacher** les oignons et **couper** les tomates grossièrement. **Réserver. 3.** Dans une grande casserole, **faire chauffer** l'huile à feu vif et y **jeter** les oignons, un peu de sel, les épices et

la branche de thym. **Faire revenir** quelques minutes jusqu'à
ce que les oignons deviennent translucides. **4. Ajouter** les crevettes et **attendre** qu'elles rosissent légèrement. **Ajouter** les
tomates et couvrir. **Laisser mijoter** environ une vingtaine
de minutes. **5. Rectifier** l'assaisonnement au besoin. **Servir**
sur un lit de riz.

Tajine d'agneau aux abricots (Maroc)

Voir photo p. 143.

Préparation : 10 min Cuisson : 2 h

Ingrédients   (4 portions)

1 **kg** de cubes d'agneau

500 **ml** (2 tasses) de bouillon de veau

1 gousse d'ail

1 gros oignon

250 **g** (9 oz) d'abricots séchés

5 **ml** (1 c. à thé) de ras el hanout

2 **ml** (½ c. à thé) de gingembre frais râpé

2 **ml** (½ c. à thé) de paprika

2 **ml** (½ c. à thé) de cumin

Huile d'olive pour la cuisson

Sel et poivre au goût

Préparation

1. Hacher l'oignon et **presser** l'ail. **2.** Dans une poêle, **faire
chauffer** l'huile à feu vif et y **jeter** les oignons et l'ail. **Ajouter**
les morceaux d'agneau de même que le sel et le poivre et **faire
revenir** quelques minutes. **3. Ajouter** le bouillon de veau et
les épices. **4. Couvrir** (ou déposer dans un tajine) et **laisser
mijoter** durant environ 1 h 30. **5. Ajouter** les abricots et
poursuivre la cuisson pour environ 30 minutes supplémentaires. **Servir** sur du couscous.

Couscous d'agneau aux fruits secs (Tunisie)

Préparation: 30-40 min Cuisson: 3-4 h

Ingrédients   (4 portions)

800 g (1 ³/₄ lb) de morceaux d'agneau

750 ml (3 tasses) de couscous

750 ml (3 tasses) d'oignons émincés

180 ml (³/₄ tasse) de pruneaux séchés

180 ml (³/₄ tasse) d'abricots séchés

125 ml (¹/₂ tasse) d'amandes entières non salées

5 ml (1 c. à thé) de beurre clarifié

¹/₂ boîte de safran

1 bâton de cannelle

5 ml (1 c. à thé) de gingembre frais râpé

15 ml (1 c. à soupe) de miel

15 ml (1 c. à soupe) de sucre

Huile d'olive pour la cuisson

Sel

Préparation

1. Dans une poêle, à feu moyen-doux, **couler** un filet d'huile, **jeter** les oignons, le gingembre, le sucre, **ajouter** un peu d'eau et **laisser mijoter** jusqu'à ce que toute l'eau se soit évaporée (30 à 45 minutes). **2. Chauffer** à feu vif une grande marmite, y **mettre** un peu d'huile, les morceaux d'agneau et un peu de sel. **Faire revenir** jusqu'à ce que la viande soit dorée. **Ajouter** le safran (préalablement mouillé) et le bâton de cannelle. **Couvrir** et **laisser cuire** à feu doux. **3. Blanchir** légèrement, puis **égoutter** les fruits secs. **Faire dorer** les amandes légèrement (au four ou à la poêle) pour les avoir bien croustillantes. **4.** Dans une poêle, **faire dorer** les fruits secs dans le beurre clarifié, puis **ajouter** le miel. **Réserver**. **5. Cuire** le couscous comme indiqué sur l'emballage. **Servir** la viande et la sauce sur un lit de couscous et y **ajouter** quelques fruits.

Gâteau-tapioca
(Madagascar)

Préparation: 5 min Cuisson: 30 min

Ingrédients
(4 portions)

2 tasses (500 ml) de lait

30 ml (2 c. à soupe) de crème

4 œufs

75 ml (5 c. à soupe) de tapioca

60 ml (¼ tasse) de sucre

1 gousse de vanille

Un peu de noix de muscade fraîchement râpée

Un peu de clou de girofle fraîchement moulu

15 ml (1 c. à soupe) de beurre

4 bananes

Préparation

1. Dans une casserole, **verser** le lait. **Ajouter** la pulpe et les graines de vanille, le sucre, la muscade, le clou de girofle et **porter** à frémissement. **2. Retirer** de la source de chaleur et **verser** le tapioca en pluie tout en mélangeant. **Remettre** sur un feu doux et **cuire** environ une dizaine de minutes tout en continuant de **mélanger**. **3. Préchauffer** le four à 175 °C (350 °F) et **beurrer** un moule de forme circulaire. **4. Retirer** la casserole du feu et **enlever** la gousse de vanille. **Ajouter** la crème et **mélanger**. **Ajouter** les bananes préalablement écrasées à la préparation. **Ajouter** aussi les œufs un à un en mélangeant bien entre chacun. **5. Verser** dans le moule. **Enfourner** pour une quinzaine de minutes. **Servir** chaud ou tiède.

Poisson braisé
(Côte d'Ivoire)

Préparation : 30 min (plus une nuit de macération)
Cuisson : 45 min

Ingrédients   (4 portions)

1 dorade d'environ 1,5 à 2 kg (3 ⅓ à 4 ½ lb)

¼ de tasse d'huile d'arachide

2 gros oignons

4 tomates

4 gousses d'ail

2 c. à soupe de vinaigre blanc

1 tronçon de gingembre

1 petit piment

Sel et poivre au goût

Préparation

1. La veille de la préparation, **laver** la dorade. **2. Préparer** la marinade : **presser** l'ail, **hacher** un oignon finement, **peler** et **râper** le gingembre, **hacher** finement le piment et **ajouter** la moitié de l'huile et le vinaigre. **Saler** et **poivrer** et **mélanger** tout dans un grand bol. **3. Recouvrir** l'intérieur et l'extérieur de la dorade de marinade et **réserver** au réfrigérateur toute la nuit. **4. Allumer** le barbecue et faire **chauffer**. **Déposer** le poisson sur la grille et faire **chauffer** environ 45 minutes à 1 heure ou jusqu'à ce qu'il soit cuit. **Enduire** de marinade de temps à autre. **5.** En attendant, **blanchir** les tomates, en **enlever** la peau et les **couper** en morceaux. **Hacher** le deuxième oignon. **Ajouter** ces ingrédients de même que le reste de l'huile à la marinade. Faire **chauffer** et rectifier l'assaisonnement. **6. Accompagner** le poisson de cette sauce lorsqu'il est prêt. **Servir** sur un lit de riz ou de couscous.

 Tukasu
(Mali et Niger)

Préparation: au moins 1 h
Cuisson: plus de 1 h 30

Ingrédients   **(environ 5 portions)**

Petite recette de pâte à pain

1,5 kg (3 ⅓ lb) d'agneau en morceaux

160 ml (⅔ tasse) d'huile

250 ml (1 tasse) de pâte de tomate

8 tomates

5 gros oignons

3 gousses d'ail

Une dizaine de dattes fraîches

2 ml (½ c. à thé) de poudre d'anis

2 ml (½ c. à thé) de cannelle

2 ml (½ c. à thé) de cumin

5 ml (1 c. à thé) de poivre fraîchement moulu

2 feuilles de laurier

2 petits piments forts

Sel

Préparation

1. Dénoyauter les dates et les **broyer**. **Couper** les tomates en quartiers et les **épépiner**. **Émincer** les oignons. **2.** Dans une casserole à fond épais, faire **revenir** dans l'huile les oignons, l'ail de même que les morceaux d'agneau à feu vif. **Saler**. **3. Ajouter** la pâte de tomate de même que les tomates. **Chauffer** pendant environ 5 minutes. **4. Ajouter** les dates préalablement mouillées avec de l'eau (un petit verre). **Incorporer** les épices. **Réduire** un peu le feu et **cuire** environ 15 minutes. **5. Ajouter** 2 litres d'eau, **couvrir** la casserole et **laisser mijoter** durant environ une demi-heure. **6. Ajouter** de petites boules de pâte à pain dans la sauce et **cuire** au moins 40 minutes ou jusqu'à ce qu'elles soient cuites. **7. Retirer** les boules et **laisser mijoter**

la sauce jusqu'à ce qu'elle ait réduit suffisamment. **Servir** les boules de pâte avec la sauce.

 # **Porc Colombo** (Antilles)

Préparation: 25 min Cuisson: 1 h 30

Ingrédients   **(4 portions)**

800 g (1 ³/₄ lb) de cubes de porc (dans l'épaule)

6 gousses d'ail

2 oignons

6 tomates

1 morceau de gingembre frais

60 ml (4 c. à soupe) d'huile

30 ml (2 c. à soupe) de mélange à épices Colombo
(voir p. 123 pour ce mélange)

Sel

Préparation

1. Blanchir les tomates et en **enlever** la peau. Les **couper** en petits dés. **Peler** et **râper** le gingembre, **presser** les gousses d'ail et **émincer** l'oignon. **2. Saler** la viande et, dans une casserole à fond épais, faire **revenir** dans l'huile les cubes quelques minutes à feu vif. **3. Ajouter** les oignons et **poursuivre** la cuisson quelques minutes. **Ajouter** l'ail, les tomates de même que le gingembre. **Laisser mijoter**. **4. Ajouter** les épices et **saler** au besoin. **Recouvrir** d'eau et **laisser mijoter** à feu doux durant environ une heure. **Ajouter** de l'eau au besoin et **rectifier** l'assaisonnement si nécessaire. **Servir** sur un lit de riz.

Soupe de haricots noirs
(Porto Rico)

Préparation : 25 min Cuisson : 2 h

Ingrédients   (4 portions)

1 boîte de haricots noirs

100 g (3 ½ oz) de jambon à os coupé en dés

1 oignon coupé en fines lamelles

2 gousses d'ail pressées

60 ml (4 c. à soupe) de sauce tomate

2 ml (½ c. à thé) de mélange quatre-épices

2 ml (½ c. à thé) de cumin

5 ml (1 c. à thé) de poudre de chili

1 demi-bouquet de coriandre fraîche ciselée

Sel et poivre au goût

Préparation

1. Faire un bouillon avec l'os de jambon. **2.** En attendant, faire **revenir** l'oignon, l'ail et les haricots noirs quelques minutes. **Ajouter** les cubes de jambon et **poursuivre** la cuisson durant quelques minutes supplémentaires. **3.** Une fois que le bouillon est prêt, y **jeter** tous les ingrédients sauf la coriandre. **Laisser mijoter** longuement. **Servir** avec des feuilles de coriandre fraîche ciselée.

Homard aux parfums d'ailleurs (Espagne)

Préparation: 40 min **Cuisson:** 45 min

Ingrédients (6 portions)

1 homard d'au moins **1 kg** (2 ¼ lb) (vivant si possible)

3 oignons

2 gousses d'ail

5 tomates bien mûres

150 ml (5 oz) de vin blanc

200 ml (7 oz) d'huile d'olive

1 branche de thym

2 feuilles de laurier

Quelques noix grillées (par exemple, amandes et noisettes)

1 pincée de safran

1 pincée de muscade fraîchement râpée

Sel et poivre au goût

Préparation

1. Hacher les oignons et **réserver. Blanchir** les tomates, en **retirer** la peau et les **épépiner. Réserver. Retirer** la queue du homard et la **couper** en morceaux. **2.** Dans une casserole, faire **revenir** les oignons dans l'huile. **Ajouter** les morceaux de la queue de homard, **saler, poivrer** et **cuire** durant quelques minutes. **3. Ajouter** le vin, les tomates, la pincée de muscade, la branche de thym et les feuilles de laurier. **Couvrir** et **laisser mijoter** doucement durant environ une demi-heure. **4. Réduire** en une pâte l'ail, le safran et les noix en les broyant tous ensemble au mortier. **Ajouter** cette préparation à un peu d'eau et la **verser** dans la casserole avec les autres ingrédients. **5. Poursuivre** la cuisson encore une dizaine de minutes, puis **servir**.

Riz aux épices
(Inde et Pakistan)

Préparation: 30 min Cuisson: 30 min

Ingrédients

(6 portions)

300 g (1 ²/₃ tasse) de riz à long grain

Un peu plus de **2 litres** (8 ½ tasses) d'eau

30 ml (2 c. à soupe) de *ghee* (ou beurre clarifié)

2 ml (½ c. à thé) de safran

4 clous de girofle

4 graines de cardamome

1 bâton de cannelle

Une dizaine de grains de poivre

Le zeste d'une orange

1 petite poignée de raisins secs

1 petite poignée d'amandes entières

1 petite poignée de pistaches

Sel au goût

Préparation

1. Dans une casserole, faire **fondre** le beurre clarifié et faire **revenir** toutes les épices (sauf le safran) durant quelques minutes. **2. Ajouter** le riz (sec) et **poursuivre** la cuisson encore quelques minutes en ne cessant pas de **remuer**. **3. Ajouter** le zeste d'orange, puis l'eau et le safran (qui aura préalablement trempé dans un peu d'eau tiède). Bien **mélanger** et **porter** à ébullition, puis **baisser** le feu au minimum, **couvrir** et laisser **cuire** jusqu'à ce que le riz soit complètement cuit (environ 20 minutes). **4. Verser** dans un plat de service et **éparpiller** les fruits secs et les noix sur le dessus.

Classiques revisités

 ## Confitures fraises,
figues et fenouil

Préparation : 30 min Cuisson : 45 min

(environ 6 pots de 250 ml (1 tasse))

Environ **2 kg** de fraises

1 poignée de figues séchées

60 ml (¼ tasse) de fenouil haché finement

1 l (4 tasses) de sucre

Le jus d'un demi-citron

1. Laver, équeuter et **couper** grossièrement les fraises. **2.** Pendant ce temps, **faire mijoter** les figues séchées quelques minutes dans un peu d'eau afin de les attendrir. Les **couper** en petits morceaux. **3.** Dans une grande casserole à fond épais, **mélanger** tous les ingrédients. **4. Porter** à ébullition, puis **baisser** le feu. **Laisser mijoter** au moins 40 minutes, à découvert, en n'oubliant pas de remuer de temps à autre. **5.** Lorsque la préparation aura épaissi suffisamment, **disposer** dans des pots préalablement stérilisés.

 ## Confitures poire-vanille

Préparation : 30 min Cuisson : 45 min

(environ 6 pots de 250 ml (1 tasse))

2 kg de poires bien mûres

1 l (4 tasses) de sucre

½ gousse de vanille

Le jus d'un demi-citron

Préparation

1. Peler les poires, en **retirer** le cœur et les couper en morceaux. **2.** Dans une grande casserole à fond épais, **déposer** les morceaux de poire, le jus de citron et le sucre. **3. Fendre** la demi-gousse de vanille dans le sens de la longueur. En **retirer** la pulpe et les graines avec la pointe d'un couteau et **ajouter** aux autres ingrédients. **4. Porter** à ébullition, puis **baisser** le feu. **Laisser mijoter** au moins 25-30 minutes, à découvert, en n'oubliant pas de remuer de temps à autre. **5.** Lorsque la préparation aura épaissi suffisamment, **disposer** dans des pots préalablement stérilisés.

 # Truffes au chocolat aux baies roses

Préparation: 20 min Cuisson: 10-15 min
Réfrigération: au moins 30 min

Ingrédients   (environ 25 truffes)

180 ml (³/₄ tasse) de chocolat en morceaux

125 ml (¹/₂ tasse) de beurre (non-salé ou demi-sel) mou

2 jaunes d'œufs

30 ml (2 c. à soupe) de cacao

30 ml (2 c. à soupe) de crème à 35 %

180 ml (³/₄ tasse) de sucre en poudre

2 ml (¹/₂ c. à thé) de baies roses

Poudre de cacao (pour l'enrobage)

Préparation

1. Faire fondre les morceaux de chocolat au bain-marie. L'eau ne doit pas être trop chaude afin de ne pas brûler le chocolat; celui-ci fond à la température du corps. **2. Retirer** du feu et **couler** le chocolat dans un bol. Y **ajouter** le beurre, les jaunes d'œufs, le cacao, la crème, le sucre en poudre et les baies roses concassées grossièrement. Bien **mélanger**. **3. Réfrigérer** une trentaine de minutes. **4. Faire rouler** la préparation chocolatée entre les mains de manière à confectionner de petites boules.

Puis, les **plonger** dans le cacao pour l'enrobage. **Déposer** sur une plaque garnie de papier ciré.

Crème brûlée à la cardamome

Préparation: 20 min Cuisson: 45 min
Réfrigération: au moins 3 h

Ingrédients

(6 ramequins)

500 ml (2 tasses) de crème à 35 %

½ gousse de vanille (ou 1 c. à thé d'essence de vanille)

3-4 graines de cardamome

5 jaunes d'œufs

125 ml (½ tasse) de sucre

Un peu de sucre pour la finition

Préparation

1. Préchauffer le four à 170 °C (325 °F) et s'assurer que la grille soit placée au centre. **2. Verser** la crème dans une casserole. **Couper** la demi-gousse de vanille sur le sens de la longueur et grattez-en l'intérieur avec la pointe d'un couteau. **Mélanger** à la crème de même que les graines de cardamome. **3. Chauffer** la crème à basse température environ 5 minutes ou le temps que la vanille et la cardamome libèrent leurs saveurs. Puis, la **passer** au tamis afin d'en retirer la demi-gousse et les graines. **4.** Dans un grand bol, **fouetter** les jaunes d'œufs auxquels le sucre a été ajouté. Il faut battre jusqu'à ce que le mélange devienne lisse et homogène. À cela, **ajouter** peu à peu la crème chaude en ne cessant pas de bien **fouetter** le mélange. **5. Verser** dans des ramequins. **6. Déposer** les ramequins dans un plat allant au four et le **remplir** d'eau jusqu'à ce que le niveau soit à mi-hauteur des ramequins. **7. Mettre** le plat au four et attendre environ 45 minutes. Il faut que les crèmes aient pris, mais pas complètement. **8. Retirer** les ramequins du bain-marie et les **déposer** sur le comptoir afin de les faire tiédir avant la réfrigération. **9.** Une fois tièdes, les **réfrigérer** pour au moins trois heures. **10.** Quand vient le temps de les servir, **saupoudrer** un peu de sucre sur chacune des crèmes et les **faire caraméliser** soit au chalumeau soit en les déposant au four, sous le grill. Cette dernière méthode exige cependant de disposer les ramequins dans de l'eau glacée.

 # Gâteau au fromage marbré au matcha

Préparation: 45 min **Réfrigération:** au moins 3 h

Ingrédients   **(12 portions)**

POUR LE FOND DU GÂTEAU :
> **500 ml** (2 tasses) de biscuit Graham ou d'un autre biscuit (par exemple au beurre ou gaufrettes vanillées) émietté
>
> **80 ml** (⅓ tasse) de beurre

POUR LA GARNITURE :
> **3** paquets de fromage à la crème (de 250 g ou 9 oz)
>
> **375 ml** (1 ½ tasse) de crème à 35 %
>
> **125 ml** (½ tasse) de sucre
>
> **30 ml** (2 c. à soupe) de thé vert matcha
>
> **2** sachets de gélatine liquide

Préparation

1. Faire fondre le beurre, le verser dans un bol et y **ajouter** les biscuits émiettés. **Mélanger** avec les mains jusqu'à ce que les biscuits soient bien humectés. **Rajouter** un peu de beurre au besoin. **2. Déposer** les biscuits humectés dans un moule à charnière (d'environ 22 cm ou 9 po de diamètre). **Répartir** uniformément la préparation et la **compresser** au fond. **Réserver** au réfrigérateur. **3.** Dans un cul-de-poule, **mélanger** au malaxeur électrique le sucre et le fromage à la crème. Puis, dans un autre bol, **fouetter** la crème à 35 %. **Ajouter** peu à peu la crème fouettée à la préparation de fromage à la crème en pliant, à l'aide d'une spatule. **Ajouter** la gélatine liquide. **4. Prendre** environ la moitié de la préparation et la **mettre** dans un autre bol. Y **ajouter** le thé matcha et bien mélanger. **5. Sortir** le fond du réfrigérateur. **Déposer** tout d'abord une partie de la préparation nature dans le moule, puis une autre de la préparation au matcha, en alternant et en prenant soin de mélanger très superficiellement à l'aide d'une spatule. **6. Réfrigérer** durant trois heures, minimum. Le gâteau doit être ferme au moment de servir. **7. Démouler** et **disposer** sur une assiette de service. Il est également possible de saupoudrer du thé matcha ou quelques copeaux de chocolat blanc ou noir (ou une combinaison) lors du service.

 # Chocolat chaud parfumé
à l'anis étoilé

Préparation: 5-10 min Cuisson: 5 min

Ingrédients

(2 chocolats chauds)

625 ml (2 ½ tasses) de lait

60 ml (¼ tasse) de crème à 35 %

90 g (3 oz) de chocolat à 70 % de cacao haché grossièrement

1 étoile de badiane

½ gousse de vanille
ou
2 ml (½ c. à thé) d'essence de vanille

Préparation

1. Couper la demi-gousse de vanille en deux et en **retirer** les graines. **Déposer** la vanille de même que l'étoile de badiane dans le lait et **faire chauffer** ce dernier à feu doux-moyen (il ne faut pas qu'il bouille). **2.** Pendant ce temps, **fouetter** la crème dans un bol en verre (préalablement mis au congélateur au moins une dizaine de minutes). La crème fouettée doit être ferme puisque le liquide chaud la fera fondre rapidement. **3.** Une fois le lait chaud, y **plonger** le chocolat et **brasser** jusqu'à ce qu'il soit complètement fondu. **4. Verser** dans des tasses et déposer la crème fouettée. **Déguster**.

Vin chaud aux épices

Préparation: 2 min Cuisson: au moins 45 min

Ingrédients
(environ 6 portions)

1 bouteille de vin rouge corsé

500 ml (2 tasses) d'eau

60 ml (¼ tasse) de sucre

1 bâton de cannelle

1 étoile de badiane

Un peu de noix de muscade fraîchement râpée

3 grains de piment de la Jamaïque

3-4 grains de poivre

1 tout petit morceau de gingembre frais

L'écorce et le jus d'une orange

Préparation

1. Déposer tous les ingrédients, sauf le sucre, dans une grande casserole. **2. Apporter** le liquide à frémissement (et non à ébullition), puis **baisser** le feu. **Laisser mijoter** environ 45 minutes, avec le couvercle. **3. Éteindre** le feu, puis **ajouter** le sucre. Bien **mélanger**, puis servir dans des coupes (le verre ou le cristal ne doit pas être trop fin cependant, c'est chaud!) avec un bâton de cannelle ou un morceau d'écorce d'orange en décoration.

Jambon au clou de girofle

Préparation : 10 min Cuisson : 1 h 30

Ingrédients

(environ 6 portions)

Un jambon d'environ **1 ½ kg** (3,3 lb) avec la couenne

1 bouteille de bière (pourrait être remplacée par un peu de rhum brun)

125 ml (½ tasse) de sirop d'érable

Clous de girofle (au goût, environ une dizaine)

1 ml (¼ c. à thé) de graines de moutarde

2 ml (½ c. à thé) de moutarde sèche

Sel et poivre au goût

Préparation

1. Piquer le jambon avec les clous de girofle, puis **déposer** dans une rôtissoire. **2. Saupoudrer** le jambon de moutarde sèche et de graines de moutarde. **Saler** et **poivrer**. **3. Verser** la bière, puis le sirop d'érable. **4.** Couvrir, déposer au four à 175 °C (350 °F) et cuire pendant environ 1,5 heure ou jusqu'à ce que la chair se détache facilement. Ne pas oublier d'arroser le jambon de temps à autre.

 # Filets de porc sucré aux épices

Préparation : 10 min Cuisson : 45 min

Ingrédients

(5 à 6 portions)

2 filets de porc

2-3 gousses d'ail entières

60 ml (¼ tasse) de miel

30 ml (2 c. à soupe) d'huile végétale

5 ml (1 c. à thé) de cari

5 ml (1 c. à thé) de cannelle

5 ml (1 c. à thé) de paprika

Préparation

1. Quelques heures avant la cuisson des filets, les **faire mariner** dans le miel, l'huile et les épices. **2.** Au moment de la cuisson, **préchauffer** le four à 175 °C (350 °F). **3. Déposer** les filets dans une rôtissoire et **verser** le reste de la préparation de miel et d'épices. **Ajouter** également les gousses d'ail dans la rôtissoire. **4. Couvrir** et **enfourner** pendant environ 45 minutes ou jusqu'à ce que les filets soient cuits, mais encore rosés à l'intérieur.

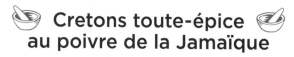

Cretons toute-épice au poivre de la Jamaïque

Préparation: 20 min Cuisson: 1 h

Ingrédients

450 g (1 lb) de porc haché

100 g (¼ lb) de veau haché

60 ml (¼ tasse) d'eau

1 petit oignon haché finement

2-3 grains de piment de la Jamaïque réduits en poudre

Un peu de sel d'ail

Poivre au goût

Préparation

1. Bien **mélanger** tous les ingrédients avec les mains. **2.** Dans une casserole, **faire cuire** la préparation à feu moyen-vif durant quelques minutes. **3. Baisser** le feu et **laisser mijoter** doucement, durant environ une heure en ne négligeant pas de **brasser** de temps à autre. **4. Retirer** du feu et **passer** la préparation au batteur électrique pour la rendre plus crémeuse. **5. Verser** dans de petits plats en plastique pour **réfrigérer** ou **congeler**.

Mousse choco-cayenne

Préparation : 20 min Réfrigération : au moins 2 h

Ingrédients   (6 portions)

6 œufs

375 ml (1½ tasse) de chocolat noir en morceaux

20 ml (4 c. à thé) de beurre

1 ml (¼ c. à thé) de poudre de piment de Cayenne

1 petite pincée de sel

Préparation

1. Dans un bol en verre ayant préalablement été mis au congélateur une dizaine de minutes, **déposer** les blancs d'œufs et les **monter** en une neige ferme avec la pincée de sel. **Conserver** les jaunes dans un bol. **2. Faire fondre** le chocolat et le beurre dans un bain-marie. Une fois fondus, les **ajouter** progressivement (afin qu'ils ne cuisent pas) aux jaunes d'œufs tout en fouettant bien. Puis, **ajouter** la poudre de piment de Cayenne et bien **mélanger**. **3. Ajouter** la moitié des blancs d'œufs au mélange chocolaté en mélangeant délicatement. Puis, **ajouter** l'autre moitié en faisant de même. **4. Déposer** dans de petits bols ou des coupes décoratives avant de **réfrigérer** quelques heures.

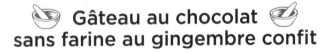 Gâteau au chocolat sans farine au gingembre confit

Préparation : 20 min

Ingrédients   (environ 6 portions)

4 œufs

160 ml (⅔ tasse) de chocolat en noir en morceaux

310 ml (1¼ tasse) d'amandes réduites en poudre

250 ml (1 tasse) de sucre à glacer tamisé

125 ml (½ tasse) de beurre

60 ml (¼ tasse) de gingembre confit coupé
en petits morceaux

Préparation

1. Séparer les jaunes des blancs d'œufs. Puis, dans un bol en
verre ayant préalablement été mis au congélateur une dizaine
de minutes, **monter** les blancs en une neige ferme. **2. Faire
fondre** le chocolat et le beurre dans un bain-marie. **3.** Dans un
bol, **mélanger** les amandes moulues, le sucre et le gingembre
confit. **Verser** le chocolat sur les ingrédients secs et **mélanger**. **4.** Puis, à cette préparation, **incorporer** les blancs d'œufs
graduellement en mélangeant délicatement. **5. Verser** dans un
moule à pain, puis **déposer** dans le four encore froid. **Régler**
la chaleur à 125 °C (environ 250 °F) et **surveiller** le gâteau.
La cuisson est bonne lorsqu'il se décolle des bords, mais que son
centre est encore moelleux.

Salade de chou au carvi

Préparation : 25 min

Ingrédients   (4 à 6 portions)

1 petit chou (idéalement rouge, mais blanc fait aussi l'affaire)

2 pommes vertes

1 petit oignon

2 ml (½ c. à thé) de graines de carvi

1 ml (¼ c. à thé) de moutarde de Meaux

Un peu de cidre de pomme

Huile d'olive

Sel et poivre au goût

Préparation

1. Passer le chou à la mandoline afin d'en obtenir une fine
julienne. **Râper** l'oignon. **Peler** et **évider** les pommes, également les **passer** à la mandoline. **2.** Faire légèrement **chauffer**
les graines de carvi pour en faire ressortir les saveurs et pour les
rendre croustillantes. **Écraser** la moitié des graines au mortier

(ou au moulin à café) et **garder** entières l'autre moitié. **3.** Dans un bol à salade, **mélanger** le chou, les oignons, les pommes et l'entièreté des graines de carvi. **4. Ajouter** la moutarde, le cidre de pomme, l'huile d'olive, le sel et le poivre au goût. Bien **mélanger**.

Salade de betteraves aromatisée aux graines d'aneth

Préparation : 15 min Cuisson : 45 min

Ingrédients   (4 portions)

5 grosses betteraves

1 gousse d'ail

½ oignon rouge

1 petite botte de persil frais

15 ml (1 c. à soupe) de moutarde de Dijon

5 ml (1 c. à thé) de graines d'aneth

80 ml (⅓ tasse) de crème à 15 %

Le jus d'un citron

Sel et poivre au goût

Préparation

1. Préchauffer le four à 190 °C (375 °F). Pendant que le four se réchauffe, **laver** les betteraves, les **déposer** sur une plaque à cuisson avec la gousse d'ail encore enveloppée. **Déposer** au four et cuire durant environ 45 minutes, ou jusqu'à ce que les betteraves soient tendres. **2.** Laisser **refroidir** les betteraves, les **peler** et les **passer** à la mandoline afin d'en obtenir une fine julienne. **Réserver**. **3. Éplucher** la gousse d'ail et l'**écraser**. **Hacher** l'oignon et le persil frais. **Chauffer** légèrement les graines d'aneth pour qu'elles croquent sous la dent. **4. Mélanger** tous les ingrédients dans un bol à salade. Ajouter la moutarde, la crème et le jus de citron. **Saler** et **poivrer** au goût. Bien **mélanger**.

Pâté chinois tex-mex

Préparations: 45 min Cuisson: 40 min

Ingrédients   (environ 8 portions)

300 g (²/₃ lb) de bœuf haché maigre

1 oignon haché

2 gousses d'ail pressées

2 tomates

5-6 pommes de terre

1 boîte de haricots rouges rincés et égouttés

1 boîte de maïs en crème

1 boîte de maïs en grains

5 ml (1 c. à thé) de poudre de chili

1 bonne pincée de cumin

Paprika (en décoration)

Un peu de lait

15 ml (1 c. à soupe) de beurre

Un peu d'huile pour la cuisson

Sel et poivre au goût

Préparation

1. Préchauffer le four à 190 °C (350 °F). **Peler** les pommes de terre et les **déposer** dans une cocotte-minute avec un peu d'eau. **Cuire** jusqu'à ce que les pommes de terre soient cuites et bien tendres. **2.** En attendant, **mettre** un peu d'huile dans une poêle et **chauffer** à feu vif. Faire **revenir** l'oignon jusqu'à ce qu'il devienne légèrement translucide. **Ajouter** la viande et l'ail. **Saler** et **poivrer**. **Cuire** quelques minutes, jusqu'à ce que la viande soit presque complètement cuite. **Baisser** le feu et ajouter les tomates, les haricots, la poudre de chili de même que le cumin. **Poursuivre** la cuisson durant quelques minutes. Il faut que le liquide se soit complètement évaporé. **Verser** la préparation dans un grand plat allant au four. **3. Mélanger** le maïs en crème avec le maïs en grains et **verser** uniformément sur la préparation de viande. **4.** Une fois les pommes de terre cuites, **verser** l'eau de la cocotte-minute et bien **piler** les pommes de terre. **Ajouter** le beurre, le lait, **saler** et **poivrer** au goût. Réduites en crème, **étaler** les pommes de terre sur le maïs. **Saupoudrer** de paprika. **5. Enfourner** le pâté chinois et attendre environ 30 minutes. **Mettre** sous l'élément de grillage (*broil*) en fin de cuisson afin que les pommes de terre dorent sur le dessus.

 # Tourtière nouveau genre

Préparation : 20 min Cuisson : 45 min

Ingrédients   (environ 5 tourtières)

2 kg (4 ½ lb) de porc haché maigre

4 oignons hachés finement

2 étoiles d'anis

Huile pour la cuisson

Sel et poivre au goût

5 pâtes déjà préparées

Préparation

1. Dans une poêle, **verser** un filet d'huile et cuire, à feu vif, les oignons, la viande et les étoiles d'anis. **Saler** et **poivrer** au goût. **2. Baisser** le feu et **laisser mijoter** doucement durant environ 30 minutes. **3. Préchauffer** le four à 230 °C (450 °F). **Verser** la préparation dans 5 assiettes contenant des pâtes déjà prêtes. **4. Enfourner** pour 15 à 20 minutes ou jusqu'à ce que les pâtés soient dorés.

Sauce à spaghetti

Préparation: 20 min Cuisson: 3 à 5 h

Ingrédients   **(8 portions)**

500 g (1 lb) de bœuf haché maigre

2 oignons hachés finement

3 gousses d'ail

2 branches de céleri coupé fin

1 petit piment fort (ou plus, selon vos goûts)

1 barquette de champignons coupés en fines lamelles

1 boîte (796 ml ou 28 oz) de tomates broyées

1 boîte (796 ml ou 28 oz) de jus de tomate

1 boîte (156 ml ou 5 ½ oz) de pâte de tomate

2 feuilles de laurier

30 ml (2 c. à soupe) d'épices italiennes

2 ml (½ c. à thé) de cumin (ou davantage)

15 ml (1 c. à soupe) d'herbes de Provence

Un peu d'huile d'olive pour la cuisson

Sel et poivre au goût

Préparation

1. Dans un chaudron à hauts bords, **verser** un filet d'huile et **cuire** la viande et les oignons quelques minutes à feu vif.
2. Baisser le feu et ajouter tous les autres ingrédients. Bien **mélanger** et **cuire** longuement à découvert tout en mélangeant de temps en temps. **Ajouter** du jus de tomate au besoin.

Porc aux épices

Préparation : 15 min (plus 2 h de marinade) **Cuisson :** 40 min

Ingrédients   (3-4 portions)

500 g (1 lb) de filet de porc

90 ml (6 c. à soupe) de sauce soja

30 ml (2 c. à soupe) de xérès ou autre liqueur

30 ml (2 c. à soupe) de vinaigre de vin rouge

5 ml (1 c. à thé) de mélange aux cinq épices

2 gousses d'ail pressées

1 tronçon de gingembre frais haché

Un peu de sucre en poudre

Préparation

1. Dans un grand bol, **mélanger** la sauce soja, le xérès, l'ail, le gingembre et le mélange aux cinq épices. **Mélanger** et **déposer** le filet dans cette préparation. Faire **mariner** au moins deux heures au réfrigérateur. **2. Préchauffer** le four à 190 °C (375°F). **Sortir** le filet du réfrigérateur et le **déposer** sur une grille, en dessous de laquelle est déposée une plaque allant au four. **Enfourner** ainsi, sans couvrir, et **cuire** pendant environ 40 minutes ou jusqu'à ce que le porc soit cuit, mais toujours rosé à l'intérieur. Il est possible d'**arroser** le porc avec la marinade au cours de la cuisson. **3.** En fin de cuisson, **préparer** la sauce : **verser** le reste de la marinade dans une casserole et **porter** à ébullition. **Ajouter** le sucre en poudre et le vinaigre. Bien **fouetter**. **4. Sortir** le porc et le laisser **reposer** quelques minutes avant de le **tailler**. **Couper** des tranches d'environ 2 cm (1 po). **Servir** sur un lit de riz avec un sauté de légumes.

Potage de Noël

Préparation: 40 min **Cuisson:** 45 min

Ingrédients   (4 portions)

1,5 l (6 ½ tasses) de bouillon de poulet

2 oignons hachés

1 gousse d'ail

450 g (1 lb) de carottes

½ navet

Quelques panais

1-2 pommes de terre

1 ml (¼ c. à thé) de cannelle

1 ml (¼ c. à thé) de muscade fraîchement râpée

2 grains de piment de la Jamaïque fraîchement broyés

1 ml (¼ c. à thé) de poudre de cari

Un peu d'huile d'olive pour la cuisson

Sel et poivre au goût

Préparation

1. Dans une grande casserole, faire **revenir**, à feu vif, les oignons dans un filet d'huile d'olive. **Ajouter** la gousse d'ail et tous les légumes, préalablement coupés en morceaux. **Cuire** quelques minutes en mélangeant sans cesse. **2. Ajouter** le bouillon de poulet et les épices. **Saler** et **poivrer** au goût. **Laisser mijoter** une quarantaine de minutes à découvert. **Ajouter** du bouillon au besoin. **3. Retirer** de la source de chaleur et laisser **refroidir** légèrement. **4.** Ensuite, **passer** au robot culinaire ou au pied-mélangeur jusqu'à ce que les légumes soient complètement défaits. **Rectifier** l'assaisonnement au besoin.

Oignons caramélisés

Préparation: 10 min Cuisson: 20 min

Ingrédients

(environ 4 portions)

3 oignons rouges émincés

1 gousse d'ail pressée

15 ml (1 c. à soupe) de sucre

15 ml (1 c. à soupe) de vinaigre balsamique

1 ml (¼ c. à thé) de sel

1 ml (¼ c. à thé) de muscade fraîchement râpée

1 filet d'huile d'olive pour la cuisson

Préparation

1. Dans une poêle, faire **revenir**, à feu moyen-vif, les oignons et l'ail dans un filet d'huile d'olive (durant environ 5 minutes).
2. Baisser le feu et **ajouter** les autres ingrédients. **Laisser mijoter** durant une quinzaine de minutes en n'oubliant pas de **mélanger** de temps à autre.

Ces oignons caramélisés accompagnent très bien le foie gras, les pâtés, certains fromages et même les plats de viande braisée.

Trucs **maisons**

Cette introduction au vaste monde des épices vous a donné envie d'approfondir vos connaissances et surtout, d'étendre le champ de vos d'expériences ? S'il en est ainsi, vous trouverez, dans les pages précédentes, nombre de recettes en provenance des quatre coins du globe. Celles-ci ne manqueront pas d'embaumer votre foyer tout en ravissant famille et convives. Voici aussi quelques trucs et astuces qui vous feront découvrir le plein potentiel de ces petites merveilles épicées.

Pour un maximum de saveurs

Si vous souhaitez conserver les saveurs de vos épices le plus longtemps possible, sachez que leurs plus grands ennemis sont les mêmes que ceux du café, du thé et de la plupart des denrées alimentaires, soit la lumière, la chaleur et l'humidité. Conservez donc vos épices et aromates dans des contenants hermétiques à l'abri du soleil et de toutes sources de chaleur. Un récipient opaque est tout indiqué, mais si vous n'en possédez pas, rangez à tout le moins vos contenants d'épices dans une armoire ou dans un meuble à cet effet. Notez qu'il y a quelques exceptions :

- l'ail frais se conserve mieux à température ambiante, dans un lieu bien aéré toutefois, et à l'abri du soleil et des sources de chaleur ;
- l'oignon frais, quant à lui, se garde plus longtemps au réfrigérateur ou, du moins, dans des lieux frais, à l'abri du soleil et au taux d'humidité faible ;
- le gingembre (et autres rhizomes) se conserve idéalement au réfrigérateur, enveloppé de papier, puis d'une pellicule plastique.

Les épices que vous obtenez au supermarché ont bien souvent perdu l'essentiel de leurs saveurs (sans compter qu'elles subissent bien souvent des traitements douteux : au premier rang, l'utilisation de pesticides). Essayez donc de vous les procurer chez des marchands spécialisés en qui vous avez confiance. Ceux-ci parviennent généralement à mettre la main sur des épices de qualité supérieure et le roulement de leur inventaire est garant de fraîcheur. Les épiceries fines sont également une bonne alternative de même que les épiceries asiatiques (surtout dans le cas des épices exotiques). Si vous n'avez pas accès à de tels commerces, tentez à tout le moins de vous procurer des épices entières et non déjà réduites en poudre. Et faites-les griller légèrement (dans une poêle, à sec, ou encore sur une plaque, au four) avant utilisation. De cette manière, elles libéreront leurs huiles essentielles et seront bien plus savoureuses. Puis, pulvérisez-les.

En effet, pour obtenir des épices leur maximum de saveurs, elles doivent être râpées ou réduites en poudre à la dernière minute, juste avant de les intégrer à vos recettes. Utilisez une râpe pour le gingembre et la noix de muscade. Un mortier devient un bon investissement lorsque l'on use fréquemment de clou de girofle, de piment de la Jamaïque, de cardamome, de graines de coriandre, de cumin, de moutarde et autres. Un vieux moulin à café ferait le même travail, mais assurez-vous de ne pas moudre vos grains de café avec le même moulin dont vous vous servez pour pulvériser vos épices, sans quoi vous serez contraint de déguster du café épicé à longueur d'année. N'oubliez pas, du même coup, de vous munir d'un moulin à poivre si vous voulez accéder à toutes les subtilités de cette épice devenue banale... à tort.

Les mélanges

Nous retrouvons une foule d'épices sur les étalages de nos super-marchés et de nos épiceries fines, mais il existe également quantité de mélanges d'épices, déjà toutes préparées. Ainsi, il n'est pas nécessaire de vous questionner sur l'harmonie des saveurs puisque ces mélanges sont utilisés et appréciés depuis des temps ancestraux par les peuples à l'origine de leur composition. Ils sont aussi appréciés, dorénavant, un peu partout sur les cinq continents, étant donné la traversée des cultures et, plus particulièrement, des habitudes culinaires. Plusieurs recettes exigent d'ailleurs ces mélanges d'épices. Vous pouvez donc vous les procurer « prêts à cuisiner », ou vous pouvez choisir de les préparer vous-même. Vous serez ainsi à même d'en garantir la qualité (dans la mesure où vous pouvez garantir celle des épices qui serviront à vos mélanges) et la fraîcheur. Vous pourrez également doser les quantités selon vos goûts propres et ceux de votre famille. Aussi, libre à vous de varier la mouture des différents ingrédients afin de changer la texture des mélanges. Voici donc, brièvement, les mélanges d'épices les plus couramment utilisés dans la cuisine d'ici[1] :

Épices à steak

Ce mélange est parfait pour agrémenter la saison des barbecues. Il sied évidemment au bœuf, mais également aux viandes plus relevées comme la viande chevaline et le gros gibier. Voici deux versions : la première, « classique » et la deuxième, le fameux mélange de Montréal... tout aussi relevé, mais légèrement plus parfumé, plus floral.

Mélange classique :
- ▶ 1 part de basilic
- ▶ 1 part de marjolaine
- ▶ 1 part de romarin
- ▶ 2 parts de thym
- ▶ 2 parts de poudre d'ail
- ▶ 1 pincée d'origan

---

1 Les épices et les herbes sont toutes séchées dans les mélanges et donc, ces précisions ne seront pas apportées dans les recettes.

Mélange de Montréal :
- ▶ 1 part d'ail séché
- ▶ 1 part d'oignon séché
- ▶ 1 part de piment fort moulu
- ▶ 1 part de graines de moutarde
- ▶ 2 parts de graines de coriandre
- ▶ 2 parts de sel
- ▶ 2 parts de poivre mélangé
- ▶ 1 pincée de graines de céleri ou d'aneth pour la touche florale
- ▶ 1 pincée de paprika

Garam masala

On trouve différentes versions de ce mélange très populaire dans les cuisines indienne et pakistanaise. Il sert entre autres à la préparation des currys. Il faut d'abord chauffer légèrement les ingrédients avant de les pulvériser. (Voir photo p. 144.)
- ▶ 2 bâtons de cannelle
- ▶ 3 feuilles de laurier
- ▶ 15 ml (1 c. à soupe) de cardamome
- ▶ 15 ml (1 c. à soupe) de curcuma
- ▶ 15 ml (1 c. à soupe) de graines de fenouil
- ▶ 15 ml (1 c. à soupe) de grains de poivre noir
- ▶ 10 ml (2 c. à thé) de graines de coriandre
- ▶ 5 ml (1 c. à thé) de graines de fenugrec
- ▶ 5 ml (1 c. à thé) de clou de girofle
- ▶ 5 ml (1 c. à thé) de graines de cumin
- ▶ 5 ml (1. c. à thé) de graines de moutarde

Ras el hanout

Son nom signifie « la tête de l'épicier », bref, le meilleur du marché. Ce mélange est très prisé dans la cuisine du nord de l'Afrique. Il existe par conséquent une infinité de manières de préparer ce mélange. Le ras el hanout entre par exemple dans la préparation de tajines et de couscous.
- ▶ 1 part de gingembre
- ▶ 1 part de piment de la Jamaïque
- ▶ 1 part de poivre noir
- ▶ 1 part de muscade

▶ 1 part de cannelle
▶ 1 part de cardamome
▶ 1 pincée de safran
▶ 1 pincée de thym

Épices Colombo (ou poudre de Colombo)

Ce mélange ressemble au cari tant en apparence qu'en goût, mais il est plus doux. On en fait aussi un usage similaire. C'est d'ailleurs grâce aux immigrants indiens que ce mélange a été intégré à la cuisine antillaise. Il en existe aussi plusieurs variations. En voici une.

▶ 1 part de graines de coriandre
▶ 1 part de graines de cumin
▶ 1 part de curcuma
▶ 1 part de clou de girofle
▶ 1 part de graines de moutarde
▶ ½ part de gingembre
▶ ½ part de poivre noir
▶ ½ part de fenugrec

Cari

En cuisine, on utilise des feuilles de cari qui proviennent d'un arbrisseau (le kaloupilé), mais ce que l'on appelle généralement « cari » (ou curry) est un mélange d'épices, surtout utilisé en Inde, à l'île de la Réunion et à l'île Maurice. Il y a différentes façon de le préparer et il s'intègre souvent aux plats de viande, de poisson et aux sautés de légumes.

▶ 5 parts de graines de coriandre
▶ 2 parts de graines de cumin
▶ 1 part de gingembre
▶ 1 part de curcuma
▶ 1 part de fenugrec
▶ 1 part de graines de moutarde
▶ ½ part de cannelle
▶ ½ part de poivre noir
▶ 1 pincée de clou de girofle
▶ 1 pincée de cardamome
▶ 1 pincée de piment fort

Cinq épices (ou cinq épices chinoises)

Les cinq épices constituent un mélange d'épices très parfumé (sucré-salé avec une note piquante) qui sait magnifiquement relever les recettes mettant en vedette le porc, le canard et aussi les légumes, tout comme certaines recettes de desserts.

- 2 parts de badiane (ou anis étoilé)
- 2 parts de graines de fenouil
- 1 part de cannelle
- 1 part de poivre de Sichuan
- 1 pincée de clou de girofle

Quatre épices

Ce mélange est très employé en Europe et tout particulièrement dans la préparation des pâtés de foie gras et des charcuteries, mais aussi dans les recettes de viande mijotée ou braisée. Il n'est pas « relevé », mais plutôt parfumé.

- 2 parts de gingembre
- 1 part de poivre blanc
- 1 part de muscade
- 1 pincée de clou de girofle

Épices mexicaines

Plutôt que d'acheter des emballages qui réunissent tout le nécessaire à la préparation de *fajitas* et de *burritos*, essayez plutôt de préparer les vôtres. Ce mélange vous sera utile. Vous remarquerez qu'il est infiniment plus savoureux, moins salé et plus santé que celui du marché.

- 150 ml (5 c. à soupe combles) de poudre de chili
- 90 ml (3 c. à soupe combles) de paprika
- 15 ml (1 c. à soupe) d'origan
- 15 ml (1 c. à soupe) de cumin
- 5 ml (1 c. à thé) de sel
- 5 ml (1 c. à thé) d'ail
- 1 pincée de piment fort

Assaisonnement italien

Ce mélange peut certainement aider à parfumer une sauce à spaghetti, mais il peut tout aussi bien être saupoudré sur des légumes frais, en été, ou participer à la préparation d'une vinaigrette à salade.

- 2 parts de sauge
- 2 parts de basilic
- 1 part d'origan
- 1 part de thym
- 1 part de romarin
- ½ part d'ail
- 1 pincée de piment fort

Assaisonnement grec

Les tomates et les concombres de jardin sont si savoureux durant l'été que vous ne pouvez résister à la tentation d'une bonne salade grecque pour souper ? Voici une recette de vinaigrette qui saura enchanter vos fins de journée de grande chaleur.

- De l'huile d'olive et du vinaigre de vin dans lesquels vous ajouterez
- Beaucoup d'aneth
- Beaucoup d'origan
- Du sel et du poivre

Épices à spaghetti

Évidemment, toutes les mamans détiennent le mélange d'épices et fines herbes, secrètement gardé, servant à préparer la « meilleure » sauce à spaghetti. Voici tout de même un mélange classique.

- 1 part d'origan
- 1 part de sauge
- 1 part de romarin
- 1 part de persil
- 1 part de basilic
- 1 part de thym
- 1 pincée de piment fort
- 1 pincée d'oignon
- 1 pincée d'ail
- 1 pincée de paprika
- 1 pincée de sucre

Épices à creton

Vous trouvez les cretons du supermarché trop gras et souhaitez les cuisiner vous-même ? Voici un mélange qui saura vous plaire.

- 1 part d'oignon
- 1 part d'ail
- 1 part de sauge
- 1 feuille de laurier
- 1 pincée de piment de la Jamaïque

Épices à tourtière

Vous avez du mal à patienter jusqu'au temps des fêtes pour savourer les fameuses tourtières de grand-maman ? Voici un mélange qui vous permettra de tricher !

- 1 part de sel de céleri
- ½ part de cannelle
- ½ part de clou de girofle
- ½ part de sarriette
- ½ part de thym
- ½ part de poivre noir
- 1 pincée de graines de moutarde
- 1 pincée de sauge

Épices à poulet BBQ

Vous êtes un ou une adepte du poulet BBQ et vous êtes toujours demandé quelles épices le composaient ? Le mystère est maintenant résolu !

- 2 parts de paprika
- 2 parts de sel
- 1 part de sucre
- 1 part de graines de coriandre
- ½ part de cumin
- 1 pincée d'ail
- 1 pincée de thym
- 1 pincée de piment de Cayenne

Bibliographie

BACRIE, Lydia. *Voyage au pays des épices*, Paris, Phare international, 2000, 125 p.

COLLECTIF. *Lexiguide des épices et des aromates*, Paris, Elcy éditions, 2007, 287 p.

DE ROSAMEL, Chantal et Volkhard HEINRICHS. *Le grand livre des épices*, Paris, Éditions De Vecchi S.A., 2005, 143 p.

DE VIENNE, Ethné et Philippe. *La cuisine et le goût des épices*, Montréal, Éditions du Trécarré, 2007, 254 p.

GAMBRELLE, Fabienne. *Le goût des épices*, Paris, Flammarion, 2008, 89 p.

GAMBRELLE, Fabienne. *L'histoire des épices*, Paris, Flammarion, 2008, 89 p.

GAUTHIER, Marie-Jo. *Herbes et épices. De la saveur et de la couleur dans votre assiette!*, Montréal, Les éditions Les Malins, 2011, 93 p.

GIRAUD, Nathalie. *Épices et santé. Un guide pratique pour savourer les vertus des épices*, Montréal, Éditions Caractère, 2011, 176 p.

GREEN, Aliza. *Le petit guide des herbes et des épices*, Paris, J'ai lu, 2007, 284 p.

KHODOROWSKY, Katherine. *100 % épices: la saga des épices pimentées de 60 recettes relevées*, Paris, Éditions SOLAR, 2004, 191 p.

Le gingembre est si populaire qu'on trouve maintenant ces racines aux formes bizarroïdes tant dans les fruiteries, les épiceries fines que dans les grandes surfaces. On peut tout aussi bien l'acheter en poudre, en morceaux séchés, confit ou en pots, dans du sirop. Pour en savoir plus, voir p. 54.

Les cabosses de cacao sont assez grosses et ont la forme d'un œuf tout bosselé et sillonné. Ces fruits peuvent contenir jusqu'à 75 fèves, lesquelles sont séparées par une chair blanchâtre. Ils ont un goût sucré et légèrement acidulé. Pour en savoir plus, voir p. 29.

La poudre de paprika est obtenue à partir des poivrons alors qu'ils ont atteint leur maturité. Ces fruits sont cueillis et séchés avant d'être broyés jusqu'à l'obtention d'une fine poudre. Frais, ces poivrons rubis sont utilisés simplement comme légumes. Pour en savoir plus, voir p. 61.

Les feuilles du muscadier sont allongées et d'un beau vert franc. Ses fruits ressemblent étrangement à des pêches blanches et ils renferment les fameuses noix, recouvertes d'une membrane rouge-rosacé. Pour en savoir plus, voir p. 59.

La partie de la plante du curcuma qui est consommée est le rhizome ; on le trouve le plus souvent sous forme de poudre. Pour en savoir plus, voir p. 47.

Le safran est tiré d'une fleur vivace, de couleur mauve, et appartenant à la famille des iridacées. Cette fleur est munie de trois pistils de couleur rouge orangé. Ce sont justement ces pistils qui font office d'épice ou parfois de colorant alimentaire. Pour en savoir plus, voir p. 74.

Pour obtenir les douces saveurs de la vanille, il faut fendre une gousse sur le sens de la longueur afin d'en retirer, à l'aide de la pointe d'un couteau, les graines de même que la pulpe. Pour en savoir plus, voir p. 78.

Les épices ont souvent très belle apparence ; parmi les plus spectaculaires, notons la cardamome (voir p. 33), la noix de muscade (voir p. 59), l'anis étoilé (voir p. 23) et la cannelle (voir p. 31).

Quelques accessoires de cuisine suffisent pour goûter pleinement la saveur des épices à la maison. Pour en savoir plus, voir p. 119.

Poulet au beurre
(voir recette p. 86)

Soupe au poulet et à la citronnelle
(voir recette p. 85)

Soupe de lentilles au cari
(voir recette p. 87)

Poivrons farcis (voir recette p. 88)

Houmous simple au cumin (voir recette p. 89)

Tajine d'agneau aux abricots
(voir recette p. 93)

Le garam masala, un mélange d'épices parmi les plus connus, est composé entre autres de cannelle, de cardamome, de poivre, de graines de coriandre et de clou de girofle. Pour en savoir plus, voir p. 122.